Couverture Inférieure manquante

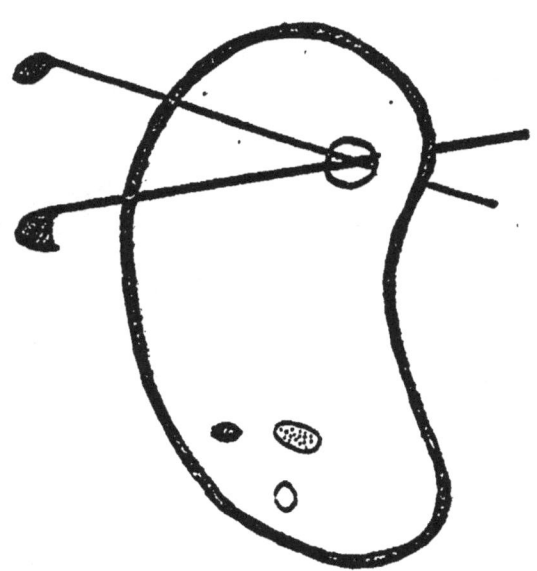

DEBUT D'UNE SERIE DE DOCUMENTS EN COULEUR

GABRIEL CHARMES

VOYAGE EN SYRIE

— IMPRESSIONS ET SOUVENIRS —

PARIS
CALMANN LÉVY, ÉDITEUR
RUE AUBER, 3, ET BOULEVARD DES ITALIENS, 15
A LA LIBRAIRIE NOUVELLE

1891

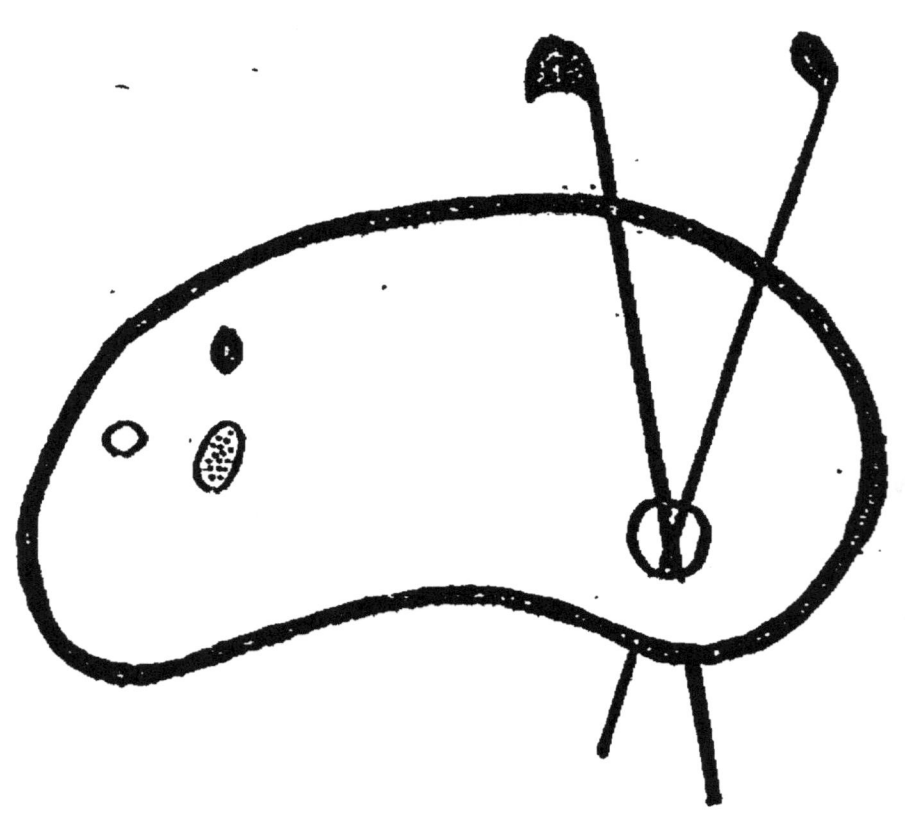

FIN D'UNE SERIE DE DOCUMENTS
EN COULEUR

VOYAGE EN SYRIE

CALMANN LÉVY, ÉDITEUR

DU MÊME AUTEUR

Format grand in-18

UNE AMBASSADE AU MAROC....................	1 vol.
L'AVENIR DE LA TURQUIE....	1 —
L'ÉGYPTE.................................	1 —
POLITIQUE EXTÉRIEURE ET COLONIALE........	1 —
LES STATIONS D'HIVER DE LA MÉDITERRANÉE .	1 —
LA TUNISIE ET LA TRIPOLITAINE.............	1 —
VOYAGE EN PALESTINE......................	1 —

Format in-8°

LA RÉFORME DE LA MARINE...................	1 vol.

PARIS. — IMP. P. MOUILLOT, 13, QUAI VOLTAIRE.

VOYAGE EN SYRIE

— IMPRESSIONS ET SOUVENIRS —

PAR

GABRIEL CHARMES

PARIS
CALMANN LÉVY, ÉDITEUR
ANCIENNE MAISON MICHEL LÉVY FRÈRES
3, RUE AUBER, 3

1891

Droits de reproduction et de traduction réservés.

AVANT-PROPOS

Le *Voyage en Syrie* de M. Gabriel Charmes fait suite au *Voyage en Palestine* du même auteur. On n'a pas oublié le succès de ce dernier ouvrage. Publié d'abord par fragments dans la *Revue des Deux Mondes*, et réuni ensuite en volume, il a été généralement considéré comme l'œuvre la plus remarquable du jeune écrivain qu'une mort prématurée a enlevé, il y a cinq ans, à la politique et aux lettres.

Le *Voyage en Syrie*, que nous publions aujourd'hui, est tout entier inédit. Bien qu'il paraisse près de huit ans après le moment où il a été écrit, on y trouvera des descriptions toujours exactes et des études de caractères et de mœurs qui ne le sont pas moins, car les mœurs en Orient ne se transforment guère plus que la nature, et semblent participer à ce qu'elle a d'immuable. Rien n'a été changé au texte primitif de l'ouvrage ; il n'y aurait eu d'ailleurs que quelques corrections insignifiantes à faire pour le mettre en harmonie complète avec la situation d'aujourd'hui.

Le talent de M. Gabriel Charmes n'a jamais eu plus d'éclat que dans ces pages, qui ont été retrouvées au milieu de ses papiers. Nulle part il ne s'est manifesté avec des couleurs plus vives dans les descriptions, avec des jugements plus fermes, ni plus justes dans les appréciations morales et politiques. Ce voyageur, qui semble passer à la hâte, est un observateur profond, en même temps qu'un peintre brillant. Le livre est écrit de verve, comme celui qui l'a précédé, mais s'il y gagne en vivacité spirituelle, il n'y perd rien à un point de vue plus élevé : la pensée est toujours sérieuse, le sentiment patriotique, l'expression heureuse et pittoresque. Quoique inachevée, cette œuvre posthume sera lue avec plaisir et profit par tous ceux qui ont suivi M. Gabriel Charmes dans sa carrière si courte mais si bien remplie : elle ajoutera un regret de plus à ceux qu'a inspirés sa perte, dont elle fait mieux apprécier l'étendue.

VOYAGE EN SYRIE

SAINT-JEAN-D'ACRE, SOUR, SAIDA

La route de Nazareth à Saint-Jean-d'Acre n'offre rien de bien remarquable : on peut la suivre d'un bout à l'autre sans être distrait des souvenirs de la Palestine par la nouveauté du paysage. La première région que l'on traverse est formée de collines rocailleuses que brûle un soleil ardent et que bordent de charmants vallons chargés de fleurs. C'est toujours la même nature; on en connaît trop bien les détails pour s'y arrêter avec quelque intérêt. Le spectacle ne change que lorsqu'on se trouve en vue de Saint-Jean-d'Acre. Une immense plaine, à l'extrémité de laquelle on distingue vaguement la ligne bleuâtre de la Méditerranée, s'étend alors sous les regards depuis les cimes majestueuses du Carmel jusqu'à une distance indéterminée. C'est le commencement de la Phénicie, contrée non moins féconde peut-être que la Palestine et dont l'action sur le monde, quoique bien différente, n'a peut-être pas eu beaucoup moins de puissance et d'efficacité. Son rôle, longtemps méconnu ou plutôt inconnu, s'est révélé de nos jours à la science, qui a découvert la Phénicie comme elle a découvert l'Égypte, l'Assyrie, l'Orient tout entier, sur lequel les légendes grecques ne nous avaient donné que des notions confuses et controuvées. De Nazareth à Saint-Jean-d'Acre, que de souvenirs historiques se présentent à l'esprit! C'est au débouché des gorges du Carmel que s'élevait, deux mille ans avant notre ère, la citadelle de Majeddo, place forte avancée qui servait de clef à la Syrie, barrait les voies du Liban et pouvait à volonté ouvrir ou fermer la route aux armées en marche vers l'Euphrate. Majeddo prise, toute la contrée était découverte, et les troupes victorieuses de Thoutmos III y pénétraient sans difficulté. Les plus anciennes batailles régulières dont nous ayons un récit suivi se sont livrées au pied de ces superbes pentes du Carmel, qui semblent, lorsqu'on les laisse derrière soi en se dirigeant vers Saint-Jean-d'Acre, jouer encore le rôle d'une forteresse gigantesque à l'entrée d'un pays où l'invasion étrangère ne rencontre aucun autre obstacle important. Défendue par ce rempart naturel, placée d'ailleurs à l'écart de la route de l'Euphrate, où l'on pouvait s'engager sans occuper son territoire, pourvu qu'on fût assuré de la possession des postes fortifiés qui la dominaient, la Phénicie se développa à l'aise sur la longue côte de la Méditerranée, souvent troublée, il est vrai, par le passage d'un conquérant égyptien, mais reprenant bientôt une indépendance relative lorsque, le fléau éloigné, elle se remettait à l'œuvre et, sans se préoccuper outre mesure de conserver sur la terre une autonomie absolue, poursuivait sur la mer ouverte devant elle ses brillantes destinées. La ruine définitive ne devait pas lui venir du côté de l'Égypte, quoique ce fût de ce côté-là qu'elle eût subi ses premiers échecs. Le joug égyptien ne fut jamais bien lourd pour elle. Et cependant la Phénicie, comme la Palestine, a été liée, à toutes les époques de l'histoire, à l'Égypte par je ne sais quelle affinité militaire et politique tellement intime que personne ne s'est regardé comme réellement maître du second pays s'il ne possédait point les deux autres ou du moins s'il n'y exerçait point une influence prépondérante. Est-il possible de l'oublier en face de cette place de Saint-Jean-d'Acre, où, pour la première fois, a sombré la fortune de Bonaparte? Malgré toutes ses victoires sur le Nil, malgré les succès prodigieux dont l'écho, suivant sa fière parole, avait réveillé quarante siècles, Bonaparte sentait que sa domination en Égypte ne cesserait d'être précaire que lorsqu'il se serait emparé des sommets de la Palestine et des côtes de la Syrie, d'où une armée et une flotte ennemies pouvaient à chaque instant tomber sur l'isthme de Suez et sur Alexandrie. Mais, moins heureux que Thoutmos III, le Napoléon de l'Égypte, comme aimait à l'appeler Mariette Pacha, il ne put enlever d'assaut la Majeddo moderne, cette misérable bicoque de Saint-Jean-d'Acre, qui paraît si insignifiante au voyageur contemporain, soit qu'il la regarde de loin émerger de la grande plaine dont il faut traverser toute la largeur pour l'atteindre, soit que, parvenu à ses portes, il contemple ses bastions à demi ruinés, ses tours fragiles, ses faibles murailles que la moindre batterie de canon semblerait devoir renverser.

Rien n'est plus fatigant que d'arriver à Saint-Jean-d'Acre, surtout par une chaude journée de printemps. Dès qu'on aperçoit la ville, l'air est si transparent qu'on croit la toucher; mais on marche des heures entières, pour franchir la plaine qui en sépare. Les chevaux harassés, mourant de soif, se traînent avec peine; les cavaliers, non moins épuisés qu'eux, n'ont pas la force de les presser. D'ordinaire les pèlerins qui quittent

Nazareth consacrent une journée au mont Carmel et à Caïffa, avant de se rendre à Saint-Jean-d'Acre; mais je dois avouer que j'ai supprimé cette partie du pèlerinage classique, et que je n'ai pas vu la grotte d'Élie. Je ne cite pas mon exemple comme bon à suivre. L'excursion vaut la peine d'être faite, car le mont Carmel est un des points les plus beaux de la Palestine. Je regrette également de n'avoir pas visité Caïffa, la partie de la baie d'Acre où les vaisseaux mouillent avec le plus de sûreté. Le port de Saint-Jean-d'Acre est, sous tous les rapports, beaucoup trop médiocre pour être destiné à un grand avenir; il n'en est pas de même de celui de Caïffa. De jour en jour, il prendra une importance plus considérable. Est-ce en prévision de ces belles destinées qu'une colonie allemande s'est fondée à Caïffa? Je l'ignore; mais on aurait tort de regarder comme un fait négligeable l'établissement de cette colonie, dans une contrée aussi heureusement choisie. Sans doute, elle a peu prospéré jusqu'ici; le village qu'elle occupe ne se compose que d'une cinquantaine de maisons, les terres qu'elle cultive n'ont que sept ou huit kilomètres carrés, l'ensemble de la population coloniale s'élève tout au plus à cinq ou six cents habitants ; mais qui sait si cet embryon ne se développera pas? La baie d'Acre est, après la baie d'Alexandrette, sur laquelle les Anglais avaient des vues fort menaçantes du temps de lord Beaconsfield, la plus considérable de la Syrie. La fertilité de la plaine qui l'entoure est remarquable ; les ondulations du terrain y produisent sans doute des bas-fonds où les pluies d'hiver forment des lagunes qui répandent des vapeurs infectes ; les environs de Caïffa et de Saint-Jean-d'Acre, quoique bien moins pestilentiels que ceux d'Alexandrette, sont néanmoins assez malsains ; mais le mal n'est pas irrémédiable et quelques travaux suffiraient à le faire disparaître. Le jour où le pays serait assaini, le blé et le coton, qu'on y cultive déjà avec succès, y donneraient d'admirables moissons. Il ne faudrait pour cela que des capitaux. Ce qui a empêché la colonie allemande de se développer davantage, c'est que les membres dont elle est composée sont tous de pauvres diables appartenant à une secte de *templiers* qui ne possèdent guère que leurs bras. Les ressources leur ont manqué pour entreprendre une culture tant soit peu développée. Leur manqueront-elles longtemps ? L'Allemagne semble songer à détourner vers l'Orient le cours de l'émigration qui entraîne chaque année en Amérique un si grand nombre de ses habitants; elle viendra peut-être en aide à la petite colonie de Caïffa. La nouvelle politique de M. de Bismarck, se faisant l'allié de la Turquie pour être plus maître de disposer de ses dépouilles, aura très probablement un contre-coup en Syrie. Je me rappelle qu'étant à Constantinople, je causais avec un pacha fort avisé de la situation de son pays. Comme je lui disais qu'il n'avait rien à craindre de l'Allemagne, que l'Allemagne était l'amie de la Turquie, et qu'elle voulait la conserver : « Oui, me répondit-il, elle veut la conserver comme un objet d'échange. » Le mot est aussi juste que joli. Mais peut-être ne dit-il qu'une partie de la vérité, et l'Allemagne ne songe-t-elle pas à échanger toute la Turquie sans en prendre pour elle-même aucun morceau. Au reste, cet échange ne se ferait avec un grand profit qu'à la condition que le « courtier honnête » qui y présiderait eût des droits sur tous les points essentiels du pays à partager. Caïffa est un de ces points. Par sa position maritime, commerciale et militaire, il peut être regardé comme une des portes de l'Égypte et de la Syrie. La faiblesse matérielle, l'insuffisance de la colonie allemande qui habite Caïffa ne sont pas une raison capable d'empêcher l'Allemagne de s'en emparer peu à peu. Il serait même possible que ce fût, au contraire, une raison de mettre plus aisément la main sur cette ville. Plusieurs fois déjà, le gouvernement de Berlin a failli intervenir dans des conflits sanglants qui se sont élevés entre les Allemands et les Bédouins. Ceux-ci contestent à la colonie la propriété des terres qu'elle occupe. Arrosées par des sources qui descendent des montagnes voisines et qui les fertilisent, ces terres ont toujours été considérées par les Bédouins comme une sorte de fief que le gouvernement turc leur a dévolu sous la seule condition de lui payer un tiers du produit des cultures. Quand les Allemands s'y sont installés, en 1870, en vertu d'une concession dont les termes n'ont jamais été bien connus, les Bédouins ont fait dès les premiers jours aux nouveaux venus une guerre sourde, qui se serait peut-être calmée s'ils avaient trouvé un profit quelconque à l'exploitation des templiers. En Syrie comme en Égypte, on est en effet bien sûr de gagner à soi une population qui ne demande qu'à vivre, pourvu qu'on lui donne le moyen d'augmenter ses ressources. Mais les templiers allemands n'avaient aucun capital; ils cherchaient eux-mêmes à se procurer une existence précaire; ils n'employèrent donc d'autres bras que les leurs, et, peu à peu, ils en furent réduits à chercher leur subsistance hors de leur concession, dans des travaux manuels que les indigènes avaient été, jusqu'alors, les seuls à exécuter. De là des conflits incessants entre leur propre misère et celle des Bédouins. La lutte pour la vie a produit sur ce petit théâtre ses résultats ordinaires. Des rixes menaçantes ayant éclaté à diverses reprises à Caïffa, on a vu des navires allemands mouiller dans la baie d'Acre pour y protéger les nationaux menacés par les Bédouins.

Or, personne n'ignore comment finissent d'ordinaire les démonstrations navales en Orient. Pour peu qu'elles se multiplient, elles aboutissent à une conquête matérielle ou morale, à une prise de possession du pays ou à l'établissement d'un protectorat. Il n'est donc pas impossible que les templiers allemands de Caïffa ne deviennent l'avant-garde d'une invasion, et que les défilés du Carmel, qui ont vu passer tant de troupes étrangères, ne soient un jour ébranlés par les pas d'une infanterie plus lourde que celle de Thoutmos III et plus sérieusement préparée à une conquête durable que celle de Napoléon Ier.

Je ne suis pas bien sûr de m'être livré à ces réflexions en entrant à Saint-Jean-d'Acre, au milieu des cactus et dans un nuage de poussière ; mais elles m'ont fait souvent regretter depuis d'avoir cédé à la fatigue, et de n'être pas allé visiter la colonie allemande de Caïffa. J'ai raccourci mon voyage d'un jour, mais j'ai peut-être perdu l'occasion d'observations intéressantes. Je n'en ai pas fait beaucoup de ce genre à Saint-Jean-d'Acre. La ville n'offre rien d'attachant pour quiconque connaît l'Orient et a l'habitude de ses bazars, de ses rues ombragées, de ses petites places, de ses mosquées, de ses fontaines. Pourtant la mosquée de Saint-Jean-d'Acre n'est pas à dédaigner. Elle est l'œuvre de Djezzar, l'heureux pacha qui sut résister à Bonaparte et qui faillit faire de la Syrie ce que plus tard Méhémet-Ali a fait de l'Égypte, une vice-royauté indépendante. On y voit quelques belles colonnes enlevées à d'anciens monuments, et l'élégante coupole dont elle est surmontée se fait remarquer de loin au-dessus de la ville qu'elle domine. Le même Djezzar a construit une fontaine, qui a remplacé les mauvais puits dont Saint-Jean-d'Acre se contentait jusqu'à lui. Je ne referai pas l'histoire de cet aventurier hardi ; elle a été racontée par Volney et par bien d'autres. Son nom, on le sait, signifiait boucher. Le caractère de l'homme justifiait la signification de son nom. Ce n'est point Djezzar d'ailleurs qui avait le premier détaché moralement une partie de la Syrie de l'empire ottoman, afin de s'y créer un gouvernement à peu près absolu. Il avait été précédé par un Arabe non moins énergique que lui, et doué de cette sorte de génie pour les conquêtes faciles, mais fragiles, qu'on rencontre si souvent chez les Orientaux, le Bédouin Dhaher, dont l'histoire a également été racontée par Volney. Politique aussi habile que peu scrupuleux, Dhaher, après s'être débarrassé des membres de sa famille qui lui disputaient le pouvoir, s'était emparé du gouvernement des tribus du Jourdain et du lac de Tibériade, dont il était originaire ; mais il jugea bientôt qu'il lui serait impossible, sans un débouché vers la mer, de donner un grand essor au commerce des belles contrées sur lesquelles il régnerait en maître. Il s'établit donc à Saint-Jean-d'Acre, où, par une série de mesures heureuses, il concentra peu à peu l'activité industrielle et commerciale de la

Syrie méridionale. Tout en protestant de son respect pour la Porte, il se mit complètement au-dessus de son autorité. On doit lui rendre cette justice que, sous son gouvernement, la Palestine acquit un degré de prospérité qui contrastait avec la misère des contrées voisines. Saint-Jean-d'Acre n'était qu'un misérable village; il en fit une ville importante. Dhaher organisa une administration régulière, réprima les courses et les pillages des tribus arabes, encouragea l'agriculture et parvint à établir la sécurité dans les campagnes. Les cultivateurs musulmans et chrétiens, ailleurs vexés et dépouillés, accoururent de toutes les parties de la Syrie se réfugier sous une domination qui leur procurait la sécurité matérielle et la tolérance religieuse. Une colonie de Grecs de l'île de Chypre arriva même à Saint-Jean-d'Acre. Dhaher se fortifia encore par des alliances avec les grandes tribus du désert. Il s'attacha jusqu'aux Métualis, sectaires musulmans des environs de Tyr, qui ont perdu beaucoup en nombre et en importance, mais qui étaient au xviie siècle des auxiliaires précieux. C'est sans forfanterie qu'il put demander à la Porte et prendre hardiment les titres de *cheik d'Acre, prince des princes, commandant de Nazareth, de Safet et cheik de toute la Galilée.* Il est dommage que sa puissance n'ait pas reposé sur de plus solides fondements. Si la Syrie possédait aujourd'hui une dynastie indépendante et suffisamment libérale, si Dhaher s'était montré un Méhémet-Ali, la question syrienne recevrait peut-être une solution acceptable pour tout le monde, le jour où l'empire ottoman viendrait à s'écrouler. Mais Dhaher n'était qu'un aventurier intelligent, et ses fils ne valaient pas mieux ou plutôt valaient moins que ceux de Méhémet-Ali, car il ne se trouvait point parmi eux d'Ibrahim Pacha. La Porte profita habilement des fautes des enfants de Dhaher pour ruiner son œuvre. Elle suscita un rival terrible au vassal insoumis dont elle craignait l'ambition. Ce fut Djezzar, pacha de Beyrouth, qui, après avoir vaincu et assassiné Dhaher, fut encore assez favorisé par la fortune pour arrêter Bonaparte. Ce dernier, qui avait noué des relations avec les fils de Dhaher, songea sérieusement à leur rendre l'héritage de leur père. Mais il aurait fallu d'abord s'emparer de cet héritage, et l'on sait que tout le génie de Bonaparte échoua devant une entreprise en apparence si facile. Djezzar, resté maître de Saint-Jean-d'Acre, sembla devoir acquérir à son tour une puissance indépendante. Mais, à sa mort, après quelques crises sanglantes, le pays retomba tout entier sous l'autorité de la Porte, et quand Ibrahim Pacha, plus heureux que Bonaparte, prit d'assaut Saint-Jean-d'Acre, le 27 mai 1832, c'est à la Turquie qu'il enleva une conquête qu'il ne devait malheureusement garder que bien peu.

Quoi qu'il en soit, la ville actuelle de Saint-Jean-d'Acre est l'œuvre de Dhaher et de Djezzar. Elle n'a subi depuis eux aucun changement important ; les fortifications qu'on y voit aujourd'hui sont, à peu de chose près, celles devant lesquelles est venu échouer Bonaparte. La position de Saint-Jean-d'Acre en rendait l'établissement facile. Bâtie sur une langue de terre qui se projette dans la

Méditerranée en forme de demi-lune, la ville est baignée au nord, à l'ouest et au sud par la mer qui lui sert de défense naturelle. Dhaher entoura la côte de l'est, la seule qui soit vulnérable, d'une muraille que les contemporains croyaient très faible. Volney la trouvait tout à fait insignifiante : « La fortification de Saint-Jean-d'Acre, disait-il, n'est d'aucune valeur ; il n'y a que quelques mauvaises tours basses près du port qui aient des canons ; encore ces pièces de fer rouillé sont-elles si mauvaises qu'il en crève toujours quelques-unes à chaque fois qu'on les tire. L'enceinte du côté de la campagne n'est qu'un mur de jardin sans fossés [1]. » Ce dernier renseignement, tout à fait inexact, contribua-t-il à tromper Bonaparte ? Quand l'armée française arriva devant Saint-Jean-d'Acre, elle se croyait si sûre d'un triomphe rapide, qu'elle ne fit aucune reconnaissance sérieuse ; on livra l'assaut sans attendre l'artillerie, après avoir ouvert une légère brèche dans la place

1. *Voyage en Égypte et en Syrie*, par Volney, t. II, chap. VIII.

au moyen d'une seule batterie. Les soldats furent immédiatement arrêtés par un fossé dont ils ne soupçonnaient pas l'existence; leurs échelles se trouvèrent trop courtes pour atteindre la brèche. On sait le reste : une place qui n'aurait pas résisté à une attaque régulière dirigée par un officier ordinaire supporta sans se rendre l'effort d'une armée admirable, qui venait de remporter les plus éclatantes victoires, qui en remportait encore en rase campagne chaque fois qu'elle se trouvait en présence d'un ennemi saisissable, fût-il vingt fois plus nombreux qu'elle, et que le premier général des temps modernes commandait. Une sorte de fatalité, aggravée par l'impatience de Bonaparte, ne permit jamais de conduire le siège de Saint-Jean-d'Acre d'après les règles qui en auraient assuré le succès. Les Anglais, les Turcs eux-mêmes n'avaient aucune confiance dans la défense de Djezzar; ils étaient persuadés les uns et les autres que la lutte ne durerait guère, et qu'elle tournerait sans peine à l'avantage des Français. Le résultat inattendu du premier assaut modifia leurs idées. Bonaparte avait affirmé, dans une de ses proclamations, « qu'il était terrible comme le feu du ciel contre ses ennemis », et il échouait devant un simple fossé dont il ignorait la présence! Dès lors le courage revint aux assiégés, et surtout au commodore Sydney Smith, qui était l'âme de la résistance. Des précautions habiles évitèrent toute surprise; un émigré français, Phelippeaux, qui dirigeait les opérations, les conduisit de manière à les faire traîner en longueur. Pendant ce temps, la flotte anglaise s'emparait des équipages de siège que les Français attendaient et sans lesquels il n'y avait pas moyen d'ouvrir un véritable passage dans les remparts de Saint-Jean-d'Acre. Épuisée par d'inutiles sacrifices, irritée contre la fortune qui l'abandonnait et contre le général qui s'obstinait à une entreprise impossible, décimée par les maladies et par une série d'assauts qui la conduisaient toujours à d'infranchissables obstacles, l'armée conservait tout son courage, mais perdait toute sa patience. Le génie de Bonaparte semblait s'être éclipsé. On sait avec quel éclat il se réveilla sur la plage d'Aboukir, quand l'annonce de l'arrivée d'une armée anglo-turque en Égypte rendit la levée du siège de Saint-Jean-d'Acre inévitable. Mais, au milieu de ses plus éblouissantes victoires, Bonaparte ne se consola jamais de l'échec qu'il avait subi au pied du mont Carmel. Même aux jours d'Austerlitz et de Wagram, il regretta l'avenir qu'il s'était promis sur cette terre d'Orient, où son imagination ardente avait rêvé de renouveler les triomphes des grands conquérants antiques, et où l'obstination d'un Anglais, la trahison d'un Français et un méchant fossé inaperçu des voyageurs avaient dissipé son illusion dans la plus vulgaire des réalités.

Il est impossible de ne pas songer d'abord à Bonaparte lorsqu'on est à Saint-Jean-d'Acre; mais à combien d'autres pensées cette ville ne donne-t-elle pas lieu? On sait que son nom lui vient des Phéniciens, qui l'appelaient *Ako, Arco*, c'est-à-dire *étroite, resserrée*, sans doute à cause de l'entassement de ses maisons sur une langue de terre qui fait saillie dans la mer.

Presque toutes les villes phéniciennes auraient mérité le même nom, tant la population y était dense, tant les maisons, qui s'élevaient à des hauteurs de plusieurs étages, étaient néanmoins pressées les unes contre les autres pour suffire à la population. Et les villes étaient si nombreuses qu'elles se continuaient souvent l'une l'autre, comme il arrive encore au golfe de Naples, où les maisons blanches, échelonnées depuis Pausilippe jusqu'au Vésuve et jusqu'à Castellamare, présentent l'aspect d'une ville unique indéfiniment allongée. Aujourd'hui, Saint-Jean-d'Acre, Sour, Saïda ne sont que de gros villages, et l'espace qui les sépare est presque désert. C'est que ce malheureux pays, encore si florissant à l'époque romaine, a été depuis le théâtre de révolutions terribles qui l'ont en quelque sorte brûlé et décimé dans toute son étendue. Saint-Jean-d'Acre, en particulier, a eu des destinées bien orageuses. Les Grecs lui avaient laissé son nom, mais en le transformant légèrement, selon leur coutume, et en le rattachant, comme ils faisaient toujours, à une légende défigurée par leur inépuisable imagination. D'*Ako* ils firent *Aké*, puis, sans se tourmenter de l'étymologie phénicienne, que probablement ils ignoraient, ils raconteront qu'Hercule, blessé d'un coup de flèche (ἀκή), avait trouvé sa guérison (ἄκος) dans une plante cueillie sur les bords du fleuve Bélus.

C'est ainsi qu'ils ont ramené la religion, les mœurs, l'histoire de tous les peuples qui les ont précédés à leur religion, à leurs mœurs, à leur histoire propre avec un art charmant et une grâce merveilleuse qui ont fait illusion au monde pendant plus de deux mille ans. A Saint-Jean-d'Acre, un double jeu de mots leur a permis de faire rentrer le nom de la ville dans la légende d'un héros qu'ils savaient également emprunté à la Phénicie, mais dont ils oubliaient l'origine pour en faire un des personnages les plus populaires de leur panthéon national. Depuis la blessure et la guérison d'Hercule, Saint-Jean-d'Acre a subi bien des crises. Elle a perdu son nom pour prendre celui de *Ptolémaïs* sous les Ptolémées, et celui de *Colonia Claudia* sous les Romains. Le calife Omar le lui rendit sous la forme d'Akka, qui lui est resté et que les croisés n'ont que faiblement modifié en le faisant précéder de celui de Saint-Jean. Tour à tour prise et reprise par les musulmans et par les chrétiens, Saint-Jean-d'Acre resta la dernière possession des croisés en Orient. C'est là que prit naissance l'ordre si célèbre depuis sous les noms de Saint-Jean de Jérusalem et de Malte, qui devait se perpétuer dans des lieux divers jusqu'à la fin du siècle dernier. Il y aurait un curieux et piquant tableau à faire de l'état de Saint-Jean-d'Acre sous la domination chrétienne; rien ne serait moins édifiant, mais rien aussi ne serait plus pittoresque.

J'ai déjà dit que les croisades finirent dans la plus profonde corruption. Saint-Jean-d'Acre était devenue une ville de désordre et de plaisirs effrénés lorsque le sultan Malec-Aschraf mit le siège devant elle. La défense, il faut le dire, fut admirable et la défaite resta singulièrement glorieuse. Les chevaliers du Temple y montrèrent un courage superbe. Les musulmans entrèrent dans la place au bruit d'un orage qui ajoutait encore aux horreurs du plus sanglant des assauts et à la lueur d'un incendie qui enflammait la ville entière. Le grand maître des templiers tomba mortellement frappé, celui des hospitaliers fut mis hors de combat. Les chrétiens qui purent échapper au carnage s'enfuirent vers le port, où le patriarche de Jérusalem, entraîné malgré lui et forcé de s'embarquer, reçut dans son navire une telle quantité de fuyards que le vaisseau, trop chargé, sombra, et que tous ceux qui le montaient s'abîmèrent dans les flots. Vingt-cinq mille chrétiens furent massacrés ou réduits en esclavage. On raconte que les religieuses clarisses, pour échapper au déshonneur, n'hésitèrent pas à se couper le nez, ce qui prouve qu'il restait encore beaucoup de vertu dans une ville pourtant bien dissolue. Entièrement rasée par le vainqueur, Saint-Jean-d'Acre prit le nom d'*Akh-el-Kharâk* (*Acre la ruinée*). Ce nom est resté aux décombres qui gisent à l'est de la ville actuelle, après que Dhaher et Djezzar eurent réparé l'œuvre destructrice de Malec-Aschraf.

A la vérité, la ruine de Saint-Jean-d'Acre n'était peut-être pas aussi complète que l'ont dit les historiens, car Guillaume de Baldensel, pèlerin du xiv° siècle, trouva bien que « le port d'Acre, jadis le meilleur et le souverain port des chrétiens en Syrie, était empesché par les ruines », mais il fit aussi la remarque que la ville « pourroit de legier (avec peu de chose) estre repairée ». C'est ce qu'ont fait, par malheur pour Bonaparte, Dhaher et Djezzar. Je ne me permettrai pas de juger aujourd'hui les fortifications de Saint-Jean-d'Acre, de peur de tomber dans une erreur pareille à celle de Volney; je doute cependant qu'elles arrêtent à l'avenir un nouveau Bonaparte. Quant à la ville elle-même, quoique ses bazars soient considérables, j'ai déjà dit qu'elle n'offrait rien de bien intéressant pour qui connaissait l'Orient. On peut y visiter, outre la mosquée de Djezzar, le khan français, d'où la vue sur la mer est fort remarquable. On peut aussi, pour peu qu'on aime les observations religieuses, s'y faire conduire à la demeure de je ne sais quel prophète persan, interné à Saint-

Jean-d'Acre, où il est entouré d'une certaine vénération. J'ignore quel est exactement ce prophète, mais on m'a dit qu'il appartenait à le secte du babisme, dont M. de Gobineau a raconté l'histoire dans un livre attachant. Il ne se croit rien moins que l'égal de Jésus et de Mahomet. Un jour qu'il était appelé en justice, lorsqu'on lui demanda son nom, il répondit qu'il n'était ni charpentier, ni chamelier, ce qui était une manière modeste de dire qu'il n'était ni Jésus, ni Mahomet, mais qu'il les valait bien. Sans être très sûrs que cela soit vrai, beaucoup d'habitants de Saint-Jean-d'Acre baisent en passant le mur de la maison où le prophète, pour conserver son prestige, se cache soigneusement aux regards. On l'appelle Baha-Allah, ce qui signifie image de Dieu. Le calife n'est que l'ombre du prophète, Baha-Allah est l'image de Dieu. C'est un des charmes d'un voyage en Orient d'y rencontrer un peu partout des gens qui descendent en droite ligne du ciel, et qui portent en eux un rayon de la divinité.

Après avoir contemplé le mur qui seul me

cachait l'image de Dieu, j'ai quitté Saint-Jean-d'Acre par une belle matinée tout embaumée des plus terrestres parfums. Des forêts d'orangers m'envoyaient d'enivrantes senteurs, tandis que le soleil revêtait leurs petites fleurs blanches d'un duvet doré. De Saint-Jean-d'Acre à Sour, l'ancienne Tyr, la route m'a paru charmante. En un point même, elle est réellement d'une beauté qui saisit. C'est lorsqu'on rencontre la mer, que l'on a abandonnée en quittant Saint-Jean-d'Acre. Du sommet d'une colline où les chevaux n'arrivent qu'avec peine, elle se montre de nouveau, étendant à l'infini ses flots d'un bleu transparent qui se terminent, près de la côte, par une frange verte ou blanche. On ne se lasse jamais de ce spectacle; mais on ne saurait imaginer l'effet qu'il produit quand on le découvre tout à coup, après une longue marche, d'abord à travers des jardins remplis de fleurs, puis à travers des collines pierreuses dévorées par un soleil oriental. Le bleu de la Méditerranée repose de la lumière aveuglante de la campagne. On ne le perd plus de vue jusqu'à

Beyrouth. Pendant de longues journées de marche, on côtoie les fonds d'émeraude, les courbes gracieuses, les détours moelleux de cette mer adorable, qui semble ne baigner que des rivages de pays décorés par la nature et illustrés par l'histoire. L'immensité de l'Océan fatigue, sa sévérité inquiète. De quelles contrées inconnues, de quelles régions barbares arrivent ses flots chargés de limon et que la tempête a si souvent bouleversés? La Méditerranée vient d'Égypte, de Syrie, de Constantinople, de Grèce, de Cyrénaïque, de Carthage, d'Italie, d'Espagne, etc., de toutes ces patries de la poésie et de la science, où l'âme humaine s'est éveillée à la création et l'a comprise. Je ne sais quelle impression l'Océan causera, dans deux ou trois mille ans, aux générations futures, lorsque l'Amérique et l'Océanie auront vu naître et tomber de grandes civilisations, et lorsque la facilité des communications permettra de parcourir assez rapidement le monde pour aller observer ce qui restera de ce glorieux passé. Mais, de nos jours, il parle uniquement à l'âme de ceux qui préfèrent la solitude, le désert, le vide, aux souvenirs des souffrances, des travaux, des amours et des déceptions de leurs semblables. Pour moi, je l'avoue, je ne puis voir la Méditerranée sur un point quelconque de ses rives sans qu'aussitôt elle se présente tout entière à mon imagination. Mon âme entreprend, à travers l'espace et à travers le temps, un de ces voyages qu'on ne fait jamais sans émotion, et dont on ne revient jamais sans profit. J'y retrouve partout les pensées qui troublent mon cerveau, les sentiments qui agitent mon cœur, les tourments qui affligent ma conscience. J'y retrouve ce que j'admire, ce que j'aime, ce que je sais, ce dont je doute. L'art qui me touche, la science que je comprends, les passions qui m'emportent, les espérances qui m'ont enivré, les déceptions qui m'ont brisé, tout est là! Ce que je sais, je le sais par cette mer qui a mis en communication Athènes, Rome, Jérusalem, Alexandrie et qui a porté tour à tour chacun des éléments dont l'homme moderne est formé. Et sa fécondité n'a nullement altéré sa beauté. Elle est aussi jeune, aussi fraîche, aussi sereine aujourd'hui qu'à l'époque reculée où les premiers Phéniciens et les premiers Grecs se sont heurtés, sur ses flots, aux anciens Égyptiens, dans un choc d'où la civilisation a jailli. Son éternel sourire n'a rien perdu de sa séduction depuis des temps si lointains que le souvenir en est resté vague et confus dans notre mémoire, comme celui des premiers jours de notre enfance.

Je faisais ces réflexions, tout en déjeunant, dans un des plus jolis sites de la Syrie, à la fontaine de Scanderonna. Cette fontaine, ou plutôt cette source, est surmontée d'une sorte d'arceau en ruine, couvert de plantes grimpantes, d'un effet étonnamment pittoresque, à travers lequel je voyais passer quelques têtes de chèvres et de bergers qui avaient grimpé là, je ne sais comment, et qui regardaient mon modeste repas avec des yeux allumés par l'envie, — je parle du moins des bergers, car, pour les chèvres, un simple intérêt de curiosité les portait, je pense, à contempler un voyageur assez naïf pour songer aux séductions de la Méditerranée tout en avalant une cuisse de poulet. Mais les bergers étaient réellement animés d'un sentiment d'envie qu'expliquaient assez leurs figures amaigries, leurs jambes grêles, tous leurs membres fluets. Leur costume se composait de grosses bottes, de beaucoup de guenilles et d'un fusil artistement placé sur l'épaule. Ainsi accoutrés, ils étaient charmants à voir; leur démarche avait une souplesse et une grâce parfaites, leurs visages expressifs brillaient d'intelligence. Pour tromper leur appétit, mon drogman, qui avait fait des études sérieuses, se mit à leur chanter des romances arabes auxquelles ils paraissaient prendre un plaisir infini. Ils riaient aux éclats en écoutant les récits nationaux qu'on leur débitait. Je voulus, à mon tour, jouir de ces chansons et de ces récits; mais je dois dire qu'ils m'ont beaucoup moins frappé que les petits Bédouins de Scanderonna. Est-ce la faute de la traduction? Sans doute, car la poésie arabe, consistant surtout dans l'arrangement des mots, disparaît presque tout entière lorsqu'on cherche à la faire passer dans une langue étrangère. C'est ainsi qu'il m'a paru difficile d'admirer beaucoup la déclaration d'amour suivante que mon drogman m'a traduite mot à mot, comme spécimen, et qui roule tout entière sur je ne sais quelle combinaison de mots ramenant la même expression employée, dans des sens différents, à la fin de chaque vers :

Bonjour de moi à toi, ô mon âme !
Lune éclairant le monde, ô mon âme !
Et si la mort t'attaque, je te rachèterai par mon âme
Et le jour de Dieu je répondrai pour toi, mon âme!

Je n'ai pas goûté davantage la chanson que voici, dont le mérite consiste à confondre perpétuellement la taille et les couleurs des cheveux de la maîtresse du Bédouin avec la taille et la couleur du poil de son cheval :

Sellez pour moi la Rouge longue (c'est le nom du cheval),
L'habit de soie convient à la rouge longue (la maîtresse).
Si j'avais su que cette traversée fût longue,
J'aurais dit adieu à la belle rouge longue (la maîtresse).

Mes petits bergers bédouins trouvaient délicieuse cette galanterie chevaline. Il est vrai que, pour un vrai Bédouin, il n'y a pas de maîtresse qui vaille réellement un beau cheval. C'est le comble de l'hyperbole de dire à la première qu'on l'aime autant que le second. Comme mon drogman le racontait aux bergers, Antar lui-même, ce héros de la poésie amoureuse arabe, n'osa pas aller jusque-là, en répondant à sa fameuse cousine Abla, pour laquelle il avait accompli tant d'exploits, lorsque celle-ci lui demanda ce qu'il préférait d'elle ou de sa jument Abjer. Antar n'hésita pas à déclarer qu'il préférait sa jument. Mais avec l'habileté qui était aussi remarquable chez lui que le courage et la franchise, il sut colorer d'un prétexte plausible cet aveu peu flatteur : « Sans ma jument, fit-il observer à sa cousine, je n'aurais jamais pu faire ce que j'ai fait pour vous, et vous sauver de vos ennemis. Voilà pourquoi j'aime mieux ma jument Abjer que vous! » Abla se rendit-elle à cette bonne raison? L'histoire ne le dit pas; mais les petits Bédouins de Scanderouna la trouvaient excellente; et ils y applaudissaient avec un enthousiasme bruyant, auquel je ne parvins à mettre un terme qu'en leur tendant des débris de poulet et quelques morceaux de pain, sur lesquels ils se jetèrent avec avidité.

Le lendemain, à la même heure, je m'occupais encore de poésie arabe avec mon drogman, tout en déjeunant au bord d'un ruisseau, sous un berceau d'orangers. Nous avions aussi pour témoin et pour auditeur un berger indigène, mais bien différent de ceux de la veille, comme on va le voir. Mis en goût par ses premières traductions, mon drogman me racontait l'histoire touchante d'un jeune homme dévoré par une de ces ardentes passions dont on ne peut s'empêcher de parler sans cesse à mots couverts, quoique pour rien au monde on ne consentirait à en livrer le secret. Arrivé au dernier degré du désespoir, il écrivit sur un rocher les vers suivants : « Vous tous qui êtes amoureux, au nom de Dieu, dites-moi ce que doit faire un jeune homme brûlé par les flammes de l'amour? » Un vieux cheik, qui portait dans sa tête la sagesse des nations, vint à passer. A la vue de cette triste question, il prit un morceau de charbon et écrivit sous les vers de l'amoureux : « Qu'il patiente, qu'il garde son secret et qu'il se soumette à tous les malheurs. » Conseil assurément fort sensé, mais bien difficile à suivre, comme le savent tous ceux qui l'ont reçu ou qui se le sont donné à eux-mêmes, et qui ne l'ont pas suivi. Le lendemain, le jeune homme se rendit au rocher pour y chercher la réponse à sa question. Celle qu'il y trouva ne le satisfaisait guère : « Comment patienter? écrivit-il. Comment ménager son amour, étant brûlé par les fortes flammes de l'amour, et le cœur se déchirant de jour en jour? » Le lendemain, le vieux cheik, instruit par cette terrible réplique, jugea sans doute qu'un pareil désespoir était au-dessus des consolations vulgaires, car il reprit son charbon et écrivit au-dessous de la seconde question du jeune homme : « S'il ne patiente pas, s'il ne garde pas son secret et s'il ne ménage pas son amour, la mort est son seul remède. » Le dernier jour, il repassa près du rocher ; le cadavre d'un beau jeune homme était étendu sous les inscriptions. Qui était ce jeune homme? Le vieux cheik ne le sut point; seulement, au bas de la cruelle sentence qu'il avait griffonnée la veille, on lisait ce verset significatif : « J'écoute, j'obéis, je meurs. Faites parvenir mes adieux à celle qui a voulu ma mort! »

Pendant que mon drogman me faisait cet émouvant récit j'observais la physionomie triste, presque douloureuse du jeune berger qui assistait en tiers à notre conversation et à notre déjeuner. Était-il ému par cette tragique aventure? Était-il tout simplement tourmenté par la faim comme les petits Bédouins de la veille? Pour résoudre la question, je lui tendis un poulet tout entier, convaincu qu'il allait le dévorer. Il s'en détourna, au contraire, avec un mouvement d'horreur. Je crus avoir blessé une âme délicate à laquelle l'histoire de mon drogman avait peut-être inspiré des résolutions désespérées, et j'en étais déjà à me demander si, en repassant le lendemain à la même place, je n'y retrouverais pas ce berger mélancolique étendu sans vie au bord du ruisseau, après avoir écrit sur l'écorce d'un des orangers à l'ombre desquels j'étais assis : « J'écoute, j'obéis, je meurs ! Fais parvenir mes adieux à celle qui a voulu ma mort, ô voyageur imprudent qui ne crains pas l'effet des tragédies que tu te fais narrer à déjeuner sur des auditeurs moins grossiers que toi ! » Mais mon drogman a dissipé mes craintes en m'apprenant que nous étions dans un village métuali, et que le berger qui méprisait mon poulet, quoique probablement il mourût d'envie de l'accepter, sacrifiait son estomac à sa conscience, non à son cœur. Je n'étais pas, en effet, sans savoir que les Métualis refusent de toucher à toute nourriture qui a été préparée par un chrétien ou même par un musulman d'une autre secte que la leur ; ils se feraient un crime de se servir des ustensiles de cuisine que nous avons souillés. Ces Métualis sont une peuplade d'origine persane, venue en Syrie, à ce que l'on suppose, avec les migrations victorieuses qui suivirent les fatimites en Égypte. Ils appartiennent donc à la race indo-européenne ou aryenne, non à la race sémitique, comme les Arabes au milieu desquels ils vivent. Aussi leur type diffère-t-il sensiblement de ceux des autres Syriens et se rapproche-t-il beaucoup plus du type européen. Le berger que j'avais devant moi était d'une beauté remarquable : c'est pour cela sans doute que j'étais tout disposé à faire de lui le héros d'une histoire analogue à celle que venait de me conter mon drogman. Si je n'avais vu que lui parmi les Métualis, j'aurais gardé de ce peuple une impression des plus favorables ; mais, par malheur, au moment même où j'admirais, à défaut de son héroïsme amoureux, sa continence religieuse, un bruit confus détourna mon esprit des idées romanesques qui, peu à peu, l'envahissaient. Une cinquantaine d'hommes, de femmes, d'enfants métualis étaient occupés à desseller nos chevaux et à s'emparer de nos bagages. Avertis par le moukre, nous n'eûmes que le temps, mon drogman et moi, de nous précipiter vers cette foule pillarde qui nous reçut, je dois le dire, à coups de pierres. Il paraît que nos chevaux s'étaient détachés pendant notre déjeuner et étaient allés brouter dans un champ appartenant aux Métualis. Ceux-ci profitaient de ce prétexte pour s'indemniser à nos dépens des prétendus dégâts qu'ils avaient subis. Je commençais à craindre une véritable aventure ; mais mon drogman, habitué à ces sortes de rixes, parlementa avec les Métualis, et parvint à leur persuader que j'étais un voyageur de la plus grande importance qui tirerait d'eux une vengeance éclatante, s'ils persistaient dans leurs mauvais desseins. Les Métualis lui répondirent d'abord par des vociférations ; puis ils se ravisèrent et lui demandèrent si j'étais Anglais ou Français. En apprenant que j'étais Français, ils essayèrent encore de soutenir qu'ils n'avaient rien à craindre de moi, car ils étaient protégés par l'Angleterre ; tout bien réfléchi, cependant, ce protectorat ne leur parut pas très sûr, car ils finirent par nous rendre nos selles, nos brides, nos bagages, et par nous prier de ne pas garder un mauvais souvenir d'une petite querelle qui ne provenait que d'un malentendu.

J'étais très disposé à me conformer à ces intentions conciliantes. Les Métualis m'inspiraient déjà un certain intérêt, qui est devenu plus vif, à mesure que je les ai mieux connus. Jadis leur puissance était grande, et ils ont été, comme je l'ai dit, d'excellents auxiliaires pour Dhaher. A la fin du xviii° siècle et au commencement du nôtre, ils occupaient en grand nombre la plaine de la B'kaa, quelques cantons du Liban et la plus grande partie de la zone comprise entre Saïda, Saint-Jean-d'Acre et la vallée du Jourdain. Actifs, intelligents, singulièrement courageux, très portés d'ailleurs au pillage et au brigandage, leur alliance était précieuse, leur hostilité dangereuse. Appartenant à la secte des musulmans chiites, ayant en outre des costumes et des principes religieux particuliers qui ne sont pas encore bien connus, ils n'ont jamais supporté sans peine le joug ottoman. Peut-être eussent-ils joué en Syrie un rôle analogue à celui des Druses ou des Maronites, si une grande puissance européenne les eût pris sous sa protection ; mais, contrairement à ce que me disaient ceux d'entre eux qui s'étaient emparés de mes bagages, il n'est pas vrai que l'Angleterre se soit occupée d'eux sérieusement. La France ne leur a pas accordé plus d'attention. Or, en Syrie, une race qui n'est point protégée par l'Europe décline et s'affaiblit vite. C'est ce qui est arrivé aux Métualis. Poursuivis à la fois par les Druses et les Maronites, persécutés par les pachas turcs, à demi expulsés du Liban, n'obtenant de secours de personne, ils sont descendus peu à peu le long des pentes et dans les vallées autour de Sour et de Saïda, dans les districts de Matten et de Djezzin. C'est là qu'ils vivent aujourd'hui, sous le gouvernement de leurs chefs féodaux. Le reste de la nation est disséminé dans la plaine de la B'kaa; ils sont encore assez nombreux à Balbeck et dans la partie du Kesrouan voisine du Djebel-Sannin; mais, partout opprimés, ils diminuent de jour en jour. Quoiqu'ils soient généralement fort pauvres, les fonctionnaires turcs les soumettent aux exactions les plus cruelles. Quand je suis passé à Sour, ils étaient indignement exploités par je ne sais quel pacha, qui profitait de leur faiblesse pour les traiter avec la dernière rigueur. On comprend qu'une situation si triste, si précaire, détruise lentement leur courage et leur moralité. Ils ont assez mauvaise réputation en Syrie, et cette réputation est méritée ; mais est-ce leur faute s'ils valent moins que les populations privilégiées qui les entourent et qu'une demi-liberté rend moins misérables qu'eux?

Il y a loin des Métualis à la race hardie et aventureuse qui fonda jadis la ville de Tyr sur un îlot, situé à peu de distance de la côte! Rien n'est plus charmant que cet îlot lorsqu'il apparaît pour la première fois au voyageur comme une sorte de corbeille brillante bercée sur les flots bleus de la Méditerranée. On l'aperçoit plusieurs heures avant de l'atteindre, et l'on ne se fatigue pas de le regarder. De près, le spectacle de la vieille Tyr est assez sombre ; mais, de loin, il est délicieux. On dirait que l'île a surgi de la mer, toute chargée d'édifices de marbre qui se réfléchissent dans les eaux. On n'arrive pas directement à Sour ; il faut passer, avant de s'y rendre, par les puits célèbres de Raz-el-Aïn ou Palæ-Tyr, qui excitaient l'admiration de Volney, quoique, à vrai dire, ce soient de simples puits artésiens. Formés de trois grosses tours d'environ quinze mètres de diamètre sur sept ou huit de hauteur qui leur servent de margelles, ils laissent échapper un véritable fleuve qui s'épanche par-dessus bord, traverse un village où il fait tourner un certain nombre de moulins et pousser un certain nombre d'arbres, puis se répand en mille ruisseaux, dont la campagne environnante est fertilisée. Naturellement la légende populaire attribue la construction de ces puits à Salomon, car l'honneur de tout ce qui s'est fait de grand en Syrie lui revient de droit. Ce qu'il y a de sûr, c'est que de beaux aqueducs, dont les ruines sont couvertes d'une végétation luxuriante, conduisaient jadis l'eau de ces puits dans l'île de Tyr. On traduit d'ordinaire le nom de Palæ-Tyr par Vieille-Tyr, mais la ville continentale, comme l'a remarqué M. Renan, ne fut jamais qu'un faubourg. La vraie Tyr était dans l'île. Il en était déjà ainsi au XIVe siècle avant notre ère, comme le prouve le célèbre papyrus égyptien que M. F. Chabas a traduit sous le titre de *Voyage d'un Égyptien en Syrie, en Phénicie et en Palestine.* C'est une sorte de roman géographique, qui nous raconte les aventures d'un héros imaginaire traversant les villes les plus importantes de la côte syrienne, depuis Byblos, célèbre par sa grande déesse, jusqu'à Joppé, dont les jardins, plusieurs milliers d'années avant Armide, étaient déjà féconds en séductions et en chutes amoureuses. Le voyageur égyptien ne parle que de la Tyr insulaire : il en admire les poissons plus nombreux que le sable de la mer, et il constate que l'eau arrivait du rivage portée par des bateaux. A cette époque lointaine, qui correspond au règne de Ramsès II ou de son successeur Ménéphtah, Tyr n'était qu'une ville de pêcheurs. J'imagine qu'elle devait ressembler beaucoup à ce qu'elle est de nos jours. C'est du moins ce que je me disais en suivant la longue plage et la digue sablonneuse qui relient aujourd'hui l'île au continent. Le soleil se couchait, et tandis que j'admirais à l'horizon des lignes de feu de plus en plus intenses, sur lesquelles ce qui reste de Tyr se détachait comme une sorte de construction fantastique au milieu d'un incendie, mon attention était sans cesse détournée de ce magnifique spectacle par la vue d'une multitude de pêcheurs qui s'avançaient à une assez grande distance dans la mer pour y jeter leurs filets, et qui les en retiraient chaque fois chargés de poissons. Après tant de siècles écoulés, le détail pittoresque qui avait attiré l'attention du contemporain de Ramsès II ou de Ménéphtah attirait encore la mienne! En dépit du proverbe, l'histoire avait donc remonté son cours; le temps avait à tel point détruit l'œuvre des hommes que la plage bruyante où, durant les belles années des Phéniciens, retentissaient les clameurs d'un grand peuple, n'était plus remarquable, comme au XIV° siècle avant notre ère, que par l'abondance de ses poissons! J'aurais fait sur ce thème philosophique d'interminables réflexions, que le calme du soir aurait singulièrement favorisées, si mon drogman, plus pratique que moi, et n'ayant jamais lu, malgré toute sa science, le livre de M. Chabas, ne s'était mis à marchander les produits de la pêche qui éveillait en moi de si vieux souvenirs. C'était me rappeler qu'il était déjà tard, que l'heure du dîner approchait, et qu'après une longue course à travers la campagne il y a mieux à faire que de se livrer à des réminiscences archéologiques. Je pressai donc mon cheval, et une demi-heure plus tard j'étais occupé, comme un ancien Tyrien, à manger prosaïquement quelques-uns de ces poissons, dont avaient été frappés les regards du premier écrivain qui nous ait parlé de Tyr.

Je n'essayerai pas de résumer, ne fût-ce qu'à la hâte, l'histoire de cette ville fameuse, dont les destinées ont été si glorieuses, et qui cependant ne nous est plus connue que par les malédictions des prophètes hébreux et par les récits des Grecs. Un pareil sujet briserait le cadre d'un simple voyage. Dans les premiers âges du monde, quand les dieux vivaient encore au milieu des hommes, Samemroum construisit sur le continent une ville de roseaux et de papyrus, en face de laquelle son frère Isôos, le premier marin, occupa quelques petits îlots où il éleva des colonnes sacrées. Ce fut le commencement de Tyr. Vint ensuite Melkarth, l'Hercule tyrien. Les prêtres de ce dieu racontaient à Hérodote « que le temple avait été fondé en même temps que la ville elle-même et qu'ils habitaient la ville depuis deux mille trois cents ans ». D'après ce calcul, c'est vers l'an 2750, c'est-à-dire vers le temps où l'invasion cananéenne jeta les pasteurs en Égypte, que remonterait l'origine de Tyr. Mais ce n'est que plus tard, et quand Sidon eut perdu son importance politique, que cette ville devint la première des cités phéniciennes. A l'époque de Ramsès II ou de Ménéphtah, on vient de le voir, elle n'était encore qu'un gros village insulaire. Qui ne sait à quel degré de richesse et de puissance Tyr s'éleva par la suite ? Qui ne se rappelle le magnifique tableau que nous en a tracé Ézéchiel ? Qui n'a présents à la mémoire les grands sièges qu'elle supporta avec tant de courage, mais auxquels cependant il fallut succomber un jour ? Pour s'emparer de Tyr, Alexandre eut à forcer la nature en reliant par une digue le continent à l'île invincible que les flots garantissaient contre tous les assauts. Aujourd'hui cette digue, qui a environ quinze cents mètres de longueur, forme un véritable isthme sablonneux que des apports successifs agrandissent chaque jour. Peut-être, dès l'époque d'Alexandre, les sables commençaient-ils à s'accumuler entre Tyr et la côte, et le héros grec se borna-t-il à régulariser et à affermir une chaussée déjà existante. Dans ce cas, il aurait aidé la nature au lieu de la forcer.

On a remarqué que l'effet du courant littoral, combiné avec les vents du large, tendait naturellement à combler le vide entre l'île et la côte. Ce phénomène se reproduit partout où des causes analogues peuvent lui donner naissance. C'est ainsi que Beyrouth, jadis îlot isolé, a été relié au continent, et que les montagnes de Cette, d'Agde, etc., ont été soudées au Languedoc. Grâce à l'action continue de la mer et des flots qui y accumulent journellement des sables, un jour viendra où l'isthme de Tyr débordera l'île des deux côtés, et deviendra un véritable promontoire. Ce jour-là restera-t-il quelque chose de Tyr? La ville actuelle n'est qu'un gros bourg, qui doit toute son importance à l'activité intelligente de sa population grecque catholique et à la fertilité de la contrée avoisinante ; mais elle déclinera graduellement à mesure que Caïffa au sud, Beyrouth, Tripoli et Alexandrette au nord prendront un plus grand développement. Il est peu probable qu'on y creuse des ports nouveaux, et quant aux ports antiques, il n'en subsiste rien ou presque rien. Le port des Sidoniens, encore encombré de colonnes, peut recevoir quelques petits bateaux, mais celui des Égyptiens a été détruit. Des massifs de béton, des débris de marbre, des restes de murailles, des couches de décombres peu explorés contiennent peut-être des objets qui offriraient un certain intérêt scientifique Malheureusement, les pans de murs s'écroulent sans cesse; on en emporte les pierres pour les employer à de nouvelles constructions, et personne ne songe à relever les colonnes brisées que les vagues de la mer viennent baigner, comme pour justifier les paroles du prophète : « Les ennemis jetteront au milieu des eaux les pierres et les bois et la poussière même de vos bâtiments. » On affirme qu'on a extrait des blocs de béton de la mer en face de Raz-el-Aïn, c'est-à-dire à quatre kilomètres environ de la ville, ce qui suppose que le brise-lames de Tyr était aussi considérable que les plus étendus des nôtres. Mais il faudra des observations savantes et régulières pour acquérir des notions exactes sur un port qui a été sans doute, à une certaine époque, le plus important de l'antiquité.

Quant à l'emplacement même de Tyr, il est douteux qu'on y fasse encore des découvertes. Le terrain de l'île, profondément défoncé par des fouilles de la mission française de 1860, est littéralement criblé de trous qu'on a toutes les peines du monde à tourner, et où tombent souvent hommes et chameaux, sans que ces accidents multipliés décident quelqu'un à les reboucher. Les seules ruines qu'on rencontre dans l'île sont des ruines chrétiennes. On y admire encore les restes de la cathédrale des croisés, superbe édifice de soixante-dix mètres de longueur sur trente-deux de largeur, qui contenait trois nefs et cinq absides, et qui était flanqué de deux tours dont l'une est encore visible, mais menace de s'écrouler bientôt. L'intérieur de l'église est semé de décombres où l'on remarque des chapiteaux et des colonnes brisées, en granit gris et rose. Deux de ces dernières ont des dimensions énormes; leur poids est si considérable que Djezzar a vainement essayé de les enlever pour les transporter dans sa mosquée de Saint-Jean-d'Acre. Les chapiteaux corinthiens sont en marbre blanc teinté de zones grises. Ces gros monolithes n'ont certainement pas été taillés par les croisés, ils appartenaient à d'anciens édifices dont les chrétiens ont employé les débris. C'est le malheur de la Phénicie que le pays sur lequel s'élevaient ses villes les plus fameuses ait servi de théâtre à de nombreuses civilisations, qui ont succédé à celle des Phéniciens, et qui en ont effacé peu à peu presque toutes les traces. Souvent la barbarie ne fait courir que peu de risques aux monuments, mais la civilisation les ruine au profit de constructions nouvelles. Croirait-on que la côte phénicienne ne nous ait laissé que neuf inscriptions antiques ? Rien n'est plus naturel cependant. Cette côte est singulièrement étroite ; elle ne forme qu'une langue de terre resserrée entre les montagnes et la mer, et dans cet espace restreint, presque étranglé, les Grecs, les Romains, les Arabes, les chrétiens se sont établis tour à tour, et ont mené une glorieuse existence. Chacun de ces peuples s'est emparé des constructions phéniciennes, les a démolies, en a retaillé les pierres, soit pour les introduire dans ses propres édifices, soit pour en faire disparaître les emblèmes et les inscriptions qu'il regardait comme impies. L'espace et les matériaux leur manquaient à tous. Sans aucun respect pour un passé qu'ils méprisaient et qui était loin de leur inspirer une curiosité pareille à celle qu'il nous fait éprouver aujourd'hui, ils en ont détruit à qui mieux mieux les souvenirs. La Phénicie n'est pas le seul pays qui ait eu à souffrir de ces dévastations civilisatrices. S'il ne reste rien de Memphis, c'est que la civilisation arabe, qui s'est épanouie au Caire, a vécu en quelque sorte aux dépens de la civilisation égyptienne. Dans la Haute-Égypte où la barbarie s'est perpétuée, d'immenses monuments ont été conservés à la science moderne. Les châteaux forts et les églises des croisés ont fait plus de mal à la Palestine et à la Phénicie que toutes les invasions musulmanes. Je n'accuse pas les croisades ; mais, tout en contemplant les belles ruines de la cathédrale de Tyr, j'avais beau me dire que cet édifice était peut-être bâti sur l'emplacement du tombeau d'Origène, que Frédéric Barberousse y avait peut-être été inhumé, et que Jean de Brienne y avait certainement été couronné roi de Jérusalem, ces réminiscences chrétiennes ne pouvaient me consoler de la pensée que les pierres que je voyais avaient peut-être aussi fait partie du temple de Melkarth et que, si la main des croisés ne les avait pas mutilés, les textes que nous y lirions nous livreraient le mystère des croyances et des mœurs d'un peuple qui a éveillé l'âme de la Grèce, et allumé la lumière dont le monde est encore éclairé.

De Sour à Saïda, on marche sans cesse au milieu de souvenirs historiques. Tantôt ce sont les grandes grottes d'Adloun, tantôt c'est Sarepta, théâtre des miracles d'Élie, tantôt c'est le Léonthèse, où les croisés remportèrent une éclatante victoire sur Malec-Adel. Mais, malgré mon goût décidé pour l'archéologie, je dois avouer que ce qui m'a le plus occupé de Sour à Saïda, c'est la construction d'une route qu'avait entreprise Midhat Pacha, alors gouverneur de Syrie, pour relier Saïda à Damas. Je me demandais, involontairement, en voyant les travailleurs répandus dans la plaine, s'il n'y avait pas d'œuvre plus urgente à exécuter en Syrie qu'un chemin allant de Damas à Saïda. Il existe déjà, on le sait, de Damas à Beyrouth, une grande route admirablement tracée et admirablement entretenue; or, comme Saïda n'est qu'à quelques kilomètres de Beyrouth, il me semblait de prime abord qu'il était superflu d'en faire une seconde, parallèle à la première, et débouchant à si peu de distance de celle-ci. A la vérité, la nouvelle route offrait l'avantage de traverser une partie du Hauran dont les blés pouvaient ainsi être plus aisément transportés sur la Méditerranée. Mais, comme ces blés se dirigent vers Saint-Jean-d'Acre, ce qui est un trajet encore plus direct, je ne voyais pas la nécessité d'essayer de les détourner de leur voie naturelle pour les faire arriver à Saïda dans un port sans avenir. Je ne comprenais donc pas la pensée de Midhat Pacha et, comme je me rappelais fort bien avoir écrit jadis, d'après le témoignage de M. Kanitz, dans son beau livre sur la *Bulgarie et les Balkans*, que Midhat Pacha était un excellent administrateur, je ne pouvais croire qu'il se livrât à des travaux absolument inutiles. Mon drogman, qui ne connaissait pas le livre de M. Kanitz, ne partageait pas mon opinion. A son avis, Midhat Pacha était un Turc comme tous les autres, obéissant aux fantaisies les plus fantasques sans se préoccuper en rien de l'utilité pratique de ses entreprises. C'était aussi, je dois le dire, la manière de voir des travailleurs avec lesquels je me mis à causer; ils me répondirent d'abord avec une certaine réserve, s'imaginant que j'étais un ingénieur anglais au service du pacha. Mais quand je leur eus bien fait comprendre que je n'étais ni ingénieur, ni Anglais, ils n'hésitèrent plus à me raconter qu'une famine épouvantable désolait le pays et que Midhat Pacha n'avait rien trouvé de mieux, pour remédier à cette famine, que d'employer les habitants de Saïda à la construction d'une route. Ils ne recevaient, bien entendu, pour leur ouvrage, ni vivres, ni traitement; mais le travail fait oublier la faim. Quand je leur demandais : « Aux frais de qui se fait la route? — Aux frais des mendiants que tu vois », me répondaient-ils en se montrant les uns les autres. Et c'était vrai! Midhat Pacha avait imposé à chaque quartier de Saïda la construction d'un tronçon de route. Certains quartiers s'étaient exécutés avec plus ou moins de bonne grâce, d'autres résistaient encore. Aussi la campagne présentait-elle le singulier spectacle de lambeaux de route que rien ne reliait les uns aux autres; à une certaine distance, on eût dit une série de murs; on se rapprochait, et l'effet était le même. N'étant point ingénieur, comme je l'ai affirmé aux habitants de Saïda, je n'ai pas d'idées arrêtées sur la manière de faire les routes; cependant, c'est avec une grande surprise que je voyais empierrer celle de Midhat Pacha au moyen de galets tellement énormes que personne n'osait s'y aventurer; tout le monde passait soigneusement à côté dans des sentiers tracés à travers les champs. On ne songeait point non plus à établir des ponts sur les ruisseaux et les lits de torrents. Il aurait été facile de profiter des culées antiques de la voie romaine tracée jadis sur le littoral phénicien, mais on se détournait, au contraire, comme à dessein, de ces monuments, dont la solidité a bravé les siècles, pour bâtir à côté d'eux d'informes massifs qui ont certainement croulé à la première pluie.

J'ignore ce qu'est devenue la route de Midhat Pacha : elle a sans doute été abandonnée, lorsque le pacha a été rappelé de Syrie, et les mendiants qui la construisaient ont retrouvé leur liberté. On ne doit guère le regretter. Continuée dans des conditions où elle avait été commencée, elle aurait eu tout juste la solidité de la route de Jaffa à Jérusalem, qui a coûté des sommes énormes, et qui est aujourd'hui dans un état pitoyable.

C'est avec un certain regret, l'avouerai-je? que j'ai constaté pour la première fois combien l'administration de Midhat Pacha en Syrie était détestable, et combien cet homme habile, qui avait fait un instant illusion à l'Europe, qui avait eu même un éclair de génie politique, ressemblait à la plupart de ses compatriotes.

Le rôle joué par Midhat Pacha avant la guerre turco-russe n'a pas été sans gloire; peu s'en est fallu qu'il n'assurât à la Turquie quelques années de plus d'existence. Mais, soit dégoût, soit faiblesse, Midhat Pacha ne s'est plus retrouvé en Syrie ce qu'il avait été à Constantinople, ce qu'il avait été peut-être aussi en Bulgarie lorsque M. Kanitz admirait son talent administratif et ses aptitudes organisatrices. J'aurai l'occasion, lorsque je serai arrivé à Damas, de raconter de quelle manière étrange Midhat Pacha cherchait à y introduire la civilisation européenne. Mais je l'ai compris tout d'abord à la vue de la route de Saïda. Je n'ai pas moins bien compris quels desseins politiques dirigeaient la conduite de Midhat. Il ne songeait à rien moins qu'à reprendre, sous une forme appropriée aux temps modernes, l'œuvre de Dhaher et de Djezzar, en créant à son profit une Syrie indépendante. Sachant très bien que cette indépendance n'aurait quelque solidité qu'à la condition d'être garantie par une grande puissance européenne, et que la seule de ces puissances qui fût disposée à lui donner cette garantie était l'Angleterre, il s'était fait le vassal, l'homme-lige des Anglais. Lord Beaconsfield poursuivit alors du côté de la Syrie les vues ambitieuses qui lui avaient inspiré d'abord la prise de Chypre; aussi secondait-il ardemment les projets de Midhat Pacha. Ce dernier avait donc pour constante, pour unique préoccupation de ruiner les entreprises françaises afin de les remplacer par des entreprises anglaises qui fortifiaient l'influence de l'Angleterre aux dépens de la nôtre. C'est ce qui l'avait décidé à construire une route parallèle à celle de Damas à Beyrouth, laquelle est exploitée par une compagnie française dont le privilège devait durer plusieurs années encore. Cette route traversait, en outre, de magnifiques terrains que Midhat Pacha se proposait d'acheter en son nom ou de vendre directement à de grands capitalistes anglais. Et voilà pourquoi, dans une année de famine, il obligeait les mendiants de Saïda, ainsi que ceux-ci me le disaient tristement, à perdre leur travail sur une route stérile, mais qui aurait pu avoir un jour un grand intérêt politique, si Midhat était resté gouverneur de Syrie et si lord Beaconsfield avait conservé à la fois le pouvoir et la vie.

Les travaux de cette route avaient mis à découvert, aux abords de Saïda, un grand nombre de ruines antiques, des colonnes de granit, des chapiteaux, des corniches, des fragments de statues brisées, une énorme vasque en syénite, etc., etc. Il est clair que le sol de la ville recouvre encore bien des débris phéniciens. Ce n'est pas qu'il n'ait été fort exploité, et qu'il ne le soit encore chaque jour. Depuis la mission de M. Renan, les habitants de Saïda, qui connaissent le prix des antiquités, en font un véritable commerce. Je ne sais si ce commerce est aussi aventureux que me l'a raconté un jeune Sidonien doué, à ce qu'il m'a semblé, d'une belle imagination, qui m'a servi de guide à la nécropole royale. D'après lui, la chasse aux antiquités donne lieu chaque jour à des scènes comiques ou tragiques remplies des émotions les plus diverses. Comme le gouvernement a droit au tiers des découvertes et que généralement lorsqu'on lui offre ce tiers, il prend tout, c'est en cachette qu'on doit opérer. On se prépare donc à des fouilles ou à des achats d'antiquités comme à une conspiration. Mais les paysans, qui s'imaginent toujours que des trésors sont enfouis dans les ruines, sont des auxiliaires aussi dangereux qu'indispensables pour les chercheurs d'antiquités. Quelquefois, en effet, des trésors apparaissent sous forme de monnaies antiques, et alors il n'y a pas de ruses que les paysans n'emploient pour s'en rendre maîtres. Mon jeune guide me contait l'histoire d'un de ces paysans qui, travaillant son champ avec quelques-uns de ses amis, avait fait surgir d'un coup de pioche une pièce d'or de la terre qu'il retournait. Aussitôt il comprend qu'il est sur la voie de la fortune. Mais comment se débarrasser de ses confrères, comment éviter de partager avec eux? Le malin paysan se précipite sur la place qui contenait sa trouvaille en poussant des cris affreux, et en déclarant qu'il était atteint d'une attaque de choléra. Tous les voisins de fuir par peur de la contagion. Arrivés à Saïda, ils préviennent la femme de la malheureuse victime d'aller assister au plus vite à la mort de son mari. Quand celle-ci arrive, elle trouve le prétendu mourant occupé à remplir ses poches, et il va sans dire qu'elle suit son exemple. Mais, de peur d'éventer la ruse, le mari et la femme restent deux jours à la même place, poussant encore quelques exclamations, qui éloignent les habitants de Saïda, et qui leur font croire que la maladie dure, mais qu'elle n'est pas désespérée, puisque la mort tarde à venir. Lorsqu'on veut se procurer des antiquités, il faut, me disait mon jeune guide, se méfier de tout le monde. Et, pour me le prouver, il me racontait qu'étant allé avec l'un de ses amis visiter des ruines, ils s'étaient emparés d'un commun accord d'un paysan qui recélait des objets précieux, et l'avaient enfermé dans une sorte de cachot. Mais des brigands rôdaient aux alentours. Mon guide s'était donc éloigné quelque peu pour les effrayer en tirant des coups de fusil. Pendant qu'il montait ainsi la garde, son associé était parti avec le paysan et les antiquités. Les brigands revenaient d'ailleurs sans cesse dans les récits de mon guide. Je me rappelle surtout le tableau pittoresque qu'il me faisait d'une expédition au pied d'une vieille forteresse des croisés. C'est là que lui avaient donné rendez-vous les paysans qui avaient à lui vendre des antiquités. Pourquoi? Je l'ignore ; mais la forteresse était remplie de brigands, et derrière elle s'étendait une forêt sombre où il y en avait assurément un grand nombre encore. Qui sait si les paysans n'en étaient pas eux-mêmes, ou s'ils n'étaient pas du moins complices de ceux qu'on entrevoyait dans la nuit? Il était déjà tard lorsque mon jeune guide me racontait ces histoires fantastiques ; les premières ombres du soir s'étendaient sur les grottes sépulcrales de la nécropole. Le milieu aidant, peu s'en est fallu que je ne crusse la recherche des antiquités à Saïda aussi féconde en aventures que les promenades chevaleresques de don Quichotte. Par bonheur, un reste de scepticisme m'a sauvé. Je m'en suis réjoui plus tard lorsque j'ai appris que mon guide, garçon d'esprit d'ailleurs, avait l'habitude de construire à propos de tout les plus invraisemblables romans. Il revenait de Constantinople, où il prétendait avoir été le favori du sultan Mourad avant sa folie ; il laissait même entendre qu'il avait été l'Antinoüs de cet Adrien ottoman. Mais il me faudrait tout un volume pour exposer la manière dont il expliquait la révolution qui a renversé Abd-ul-Aziz, les événements qui l'ont suivie et les péripéties extraordinaires qu'il ajoutait à ces événements, où il prétendait avoir joué le premier rôle, quoique l'histoire ignorante ne fasse aucune mention de lui.

Je ne sais si les antiquités sont réellement bien cachées à Saïda, mais il est certain que la moindre tranchée, comme celle qui a été exécutée pour la route de Midhat Pacha, en fait surgir de terre un grand nombre. Peut-être serait-il bon de reprendre les fouilles de M. Renan et d'explorer encore la nécropole royale, dont le terrain appartient à la France. Située à peu distance de la ville, elle se compose de grottes et de puits assez profonds, au fond desquels étaient déposés des sarcophages. Les environs de Saïda et les contreforts de l'Anti-Liban renferment sans doute encore des documents qui seraient bien précieux, vu le petit nombre de ceux que nous possédons sur l'histoire de la Phénicie. Malheureusement rien n'est plus pénible que de fouiller en Turquie, dans un pays où les habitants sont incapables de comprendre qu'un Européen se livre à des recherches désintéressées et où les dificultés qu'oppose le gouvernement rendent si difficile d'arriver à quelques résultats.

Sidon a été la plus importante des villes phéniciennes, « le premier né de Canaan ». Simple village de pêcheurs à l'origine, ainsi que l'indique son nom, *Tsidôn* (*pêcherie*), elle avait été fondée par Bel, l'Agénor des Grecs, sur le penchant septentrional d'un petit promontoire qui se projette obliquement vers le sud-ouest. Son port, si célèbre dans l'antiquité, était formé par une chaîne basse de rochers qui part de l'extrémité nord de la péninsule et court parallèlement au rivage sur une longueur de quelques centaines de mètres. Il a été ensablé et ne vaut plus grand'chose aujourd'hui. La plaine environnante, arrosée par le « gracieux Bostrên » (*Nahr-el-Aoualy*), est couverte de jardins dont la beauté avait fait donner à la ville le nom de Sidon la fleurie. Elle le mériterait encore. De toute son ancienne splendeur, il ne lui reste que sa ceinture de verdure et de fleurs, que ses cimetières remplis de beaux arbres, que ses champs brillant des plus vives couleurs. La ville elle-même est charmante, comme presque toutes les villes arabes que les constructions modernes n'ont pas gâtées. Une grande forteresse datant des croisés la surmonte; bien qu'elle tombe en ruines, l'aspect général en est très pittoresque. Ses rues étroites et tortueuses, ses bazars, ses vieux murs délabrés, son khan français, dont le chevalier d'Arvieu fit, au XVIIe siècle, le centre du commerce qu'il établit entre la Syrie et la France et qui de nos jours, hélas! a tant décliné, tout contribue à lui donner l'aspect d'une de ces rares cités orientales que le goût du faux progrès n'a pas encore défigurées. Si quelques pierres à peine rappellent l'antiquité phénicienne, on y remarque partout l'empreinte du monde arabe qui, lui aussi, commence à devenir antique, et dont les œuvres auront bientôt peut-être aussi complètement disparu que celles des Phéniciens.

Ce n'est pourtant point aux Arabes que je

pensais le soir, à Saïda, retiré dans ma petite chambre du khan français, lorsque je cherchais à résumer l'impression que me laisserait cette terre de Phénicie où je venais de passer, bien rapidement sans doute, en quittant la Palestine, et que j'allais quitter à son tour pour entrer dans la Syrie proprement dite. Sidon n'est pas la dernière ville phénicienne. Beyrouth, l'antique Bérythe; Gebel, la Byblos des Grecs, patrie de la grande déesse; Arad dont les maisons regorgeaient de population, étaient encore devant moi : mais, à partir de Beyrouth, la vie moderne ressaisit trop fortement tout voyageur qui n'est point un érudit et un savant pour lui permettre de s'oublier aux vieux souvenirs. Sidon a peut-être été d'ailleurs la plus féconde des cités phéniciennes; en tout cas, c'est la première que les Grecs aient connue, et il fut un temps où ils donnaient à tous les Phéniciens le nom de *Sidoniens*. L'histoire de la Phénicie, telle que nous la connaissons, a commencé à Sidon. Si, plus tard, deux puissantes rivales, Arad et Tyr, sont parvenues à la supplanter, c'est à elle cependant que remonte la révolution qui a transformé le monde, et remplacé les civilisations fermées, particulières, étroites, uniquement monarchiques et militaires de l'ancien Orient par des civilisations expansives, commerçantes, libérales, universelles, d'où l'Occident moderne est sorti. Or, c'est là l'œuvre capitale de la Phénicie, celle qui mérite à cette nation trop longtemps dédaignée un des premiers rangs parmi les peuples dont l'influence sur les destinées de l'humanité a été décisive. Sans doute Sidon ne saurait être comparée à Memphis, à Thèbes, à Jérusalem, à Athènes, à Rome, aux cités créatrices qui ont servi de foyers à de nouvelles civilisations; on ne lui doit aucune des inventions qui ont modifié la face du monde; mais ce qu'elle n'a pas fait, c'est grâce à elle, c'est par elle que d'autres l'ont fait. Sans son action fécondante, qui sait si le génie grec se fût éveillé? Ce sera une des gloires de notre siècle d'avoir résolu l'espèce d'énigme qui se posait au seuil de l'histoire en retrouvant le lien qui unissait la Grèce à cet Orient presque fabuleux, avec lequel elle avait si peu de ressemblance, qu'on s'imaginait trop aisément qu'elle n'avait eu non plus aucun rapport avec lui. L'antiquité orientale nous apparaissait, à travers les récits des historiens grecs, comme une période absolument romanesque et légendaire, comme une sorte d'âge différent du monde, où les hommes et les choses n'obéissaient pas aux règles ordinaires, où les proportions de la réalité n'étaient pas les mêmes qu'ailleurs, où tout se passait dans un milieu différent du nôtre, au sein d'une autre humanité. On savait que d'immenses empires s'étaient élevés en Égypte, en Syrie, en Médie, en Perse; on était convaincu qu'ils avaient brillé dans la nuit du passé d'un éclat prodigieux; mais on s'imaginait que ces constructions gigantesques de conquérants africains et asiatiques qui fondaient leur pouvoir sur l'esclavage des peuples, enfermées dans le cercle stérile du despotisme, étaient tombées sans laisser d'autres traces que des souvenirs confus et d'informes débris. Qu'en restait-il en effet?

Qu'en retrouvait-on sur les côtes charmantes de l'Hellade d'où venait, disait-on, tout ce dont nous vivons? Les œuvres africaines et asiatiques ne semblaient pas avoir dépassé les limites des contrées et des siècles où elles s'étaient produites. Quelle apparence qu'on pût en rencontrer la marque chez le peuple qui inaugurait pour ainsi dire l'histoire vraie, bien différente des épopées historiques, des romans de la table ronde de l'Orient, chez ces Grecs privilégiés auxquels on n'hésitait pas à attribuer la découverte de l'art, de la science, de la morale, de la philosophie, du droit, de la liberté, de tout en un mot? Séparés par la mer des grandes monarchies orientales, n'ayant eu avec elles de relations suivies qu'à l'époque de la décadence de ces dernières, comment se persuader qu'ils en avaient reçu de nombreuses leçons, et que c'était de cette école que provenaient leurs premiers modèles? Une sorte de trou béant, de fissure profonde, apparaissait donc à l'origine de l'histoire sans qu'on eût aucun moyen de les combler. D'un côté l'Orient mystérieux avec son despotisme violent, ses civilisations démesurées, mais dépourvues de grandeur véritable, ses progrès purement matériels, mais éphémères comme l'est en général ce qui ne repose que sur la force; de l'autre la Grèce dont le génie libre, fécond, varié, inépuisable, s'était porté à la fois sur tous les objets de l'activité humaine et avait partout enfanté, par une création spontanée, les œuvres impérissables dont l'imitation nous inspire encore. L'entre-deux était vide : on ne voyait nulle part de soudure qui pût relier deux histoires aussi diverses, deux mondes aussi opposés.

Si étrange qu'elle fût, cette manière d'envisager le passé, a régné jusqu'à nos jours dans la science, et bien des personnes s'obstinent encore à nous peindre la Grèce comme une sorte de phénomène inexplicable, ou plutôt, pour employer une expression des Grecs eux-mêmes, comme un véritable monstre échappant aux lois les plus constantes du développement des nations. Leur erreur est complète. L'histoire ne fait pas plus de saut que la nature ; tout y est lié par un enchaînement régulier; aucune création n'y sort du néant; quelle qu'en soit l'originalité chacune d elles provient d'un germe antérieur auquel des circonstances nouvelles ont donné une nouvelle expansion. La Grèce n'a semblé contredire à cette règle qu'à cause de l'ignorance où l'on était de ses origines. Quand on les a mieux connues, on s'est aperçu bien vite que sa civilisation s'était formée, comme toutes les autres, au contact de civilisations précédentes dont elle avait emprunté les éléments principaux pour les modifier suivant son génie propre et d'après ses conceptions particulières. Ses arts, sa science, sa morale, sa politique découlent des monarchies africaines et orientales auxquelles on croyait qu'elle ne devait rien. Seulement, elle n'a point reçu directement de ces dernières une inspiration qui aurait si peu convenu à ses libres instincts, ou qui l'aurait fait dévier de la ligne qu'elle a suivie avec tant d'éclat. Elle n'était point assez bien outillée d'ailleurs pour pénétrer dans des contrées éloignées, fermées, inaccessibles. Les enseignements de l'Afrique et de l'Asie lui sont venus par une voie détournée, au moyen d'un peuple intermédiaire qui les avait soumis à une première transformation, ou mieux à une adaptation première, afin de les approprier à l'intelligence mobile et au goût délicat de la race qui allait dépasser si rapidement les œuvres puissantes, mais encore imparfaites, de l'Orient. Ce peuple, dont le rôle inaperçu pendant des siècles s'est enfin révélé à la science contemporaine, et dont l'histoire, malheureusement trop incomplète, a rempli le vide étrange qui semblait s'être creusé entre l'ancien Orient et l'Occident moderne, représenté d'abord par la Grèce, n'est autre que la petite nation phénicienne à laquelle revient désormais l'honneur d'avoir servi de trait d'union entre deux mondes. Tout la préparait à remplir une pareille mission; sa constitution politique et sa situation géographique ne lui permettaient pas d'y échapper. Placée à l'extrémité occidentale de l'Asie, à l'avant-garde des grands empires chaldéens et iraniens, elle ne pouvait chercher à se développer qu'en se lançant sur la mer, qui offrait seule à son activité l'aliment qu'elle ne devait pas chercher du côté de la terre, occupée tout entière par les militaires et par les conquérants. Depuis Arad jusqu'au mont Carmel, son territoire n'avait guère que cinquante lieues de longueur sur une largeur de huit à dix lieues. Assez solidement défendu au sud par les sommets abrupts du Carmel, protégé à l'ouest par la Méditerranée, il était encore fermé à l'est par les pentes rocheuses du Liban et de l'Anti-Liban, qui lui servaient de frontières naturelles, et dont les vallées étroites, les ravines profondes, les gorges accidentées opposaient de nombreux obstacles aux invasions étrangères. La Phénicie antique descendait comme une sorte d'amphithéâtre de verdure, du haut de ces pentes difficilement accessibles jusqu'à la mer; le pays, parfaitement cultivé, était couvert de palmiers, de pins, de cyprès qui s'étageaient sur les croupes du Liban, et d'immenses forêts de cèdres qui en couvraient les cimes. Les forêts préservaient les sources contre la sécheresse de l'été: les puits, les cours d'eau, les citernes, si rares de nos jours, abondaient partout ; la terre, d'une étonnante fertilité, était exploitée avec une activité minutieuse ; on ne négligeait pas un pouce de terrain ; le blé, l'orge, l'olivier, la vigne, le figuier, le grenadier donnaient des moissons et des récoltes abondantes. Mais les produits de l'agriculture n'auraient pas suffi longtemps à nourrir une population que la richesse de la contrée rendait chaque jour plus dense. D'autre part, la mer était là, une mer douce, pacifique, séduisante, qui semblait inviter les Phéniciens aux entreprises, et les convier à des aventures aussi faciles que productives. Quelques-unes de leurs villes, situées sur des îlots, étaient déjà des navires immobiles, où l'on ne vivait pas moins à l'étroit que dans les véritables navires. Partout les forêts offraient du bois pour les constructions navales, les rochers des pierres pour les digues et les jetées : la tentation était irrésistible. Les premières expéditions étaient d'ailleurs si peu périlleuses ! Par les journées claires ne distinguait-on pas de Bérythe, de Gebel et d'Arad, les sommets voisins de l'île de Chypre; et de l'île de Chypre elle-même, lorsque la transparence de l'atmosphère était grande, ne voyait-on pas les côtes de l'Asie-Mineure sortir des flots? Un peu plus loin, c'était Rhodes, puis les Cyclades, qui surgissaient une à une de l'horizon. Pressés contre la mer par les grandes monarchies asiatiques, ne possédant que le sol nécessaire à l'établissement des ports et à l'entretien des chantiers, comment les Phéniciens auraient-ils échappé à la destinée qui a fait d'eux le premier des peuples maritimes du monde? Leur pays était un admirable comptoir de commerce et un merveilleux nid de pirates; il n'était pas autre chose : trop petit pour les nourrir, trop peu profond pour les contenir, il s'allongeait assez sur la Méditerranée pour leur permettre de creuser une série de bassins d'où partaient les vaisseaux, et d'élever une série de quais où ils revenaient chargés de butin.

Le génie du peuple phénicien ne le prédisposait pas moins que la nature de la contrée qu'il habitait à la mission historique dont il s'est si bien acquitté. Les Phéniciens avaient gardé un souvenir précis de leur origine; leurs traditions, au dire d'Hérodote, les faisaient venir des bords de la mer Érythrée, c'est-à-dire des rivages du golfe Persique, où probablement ils s'étaient déjà habitués au commerce et à la navigation. C'est du moins ainsi que l'on explique pourquoi les Égyptiens donnèrent leur nom Pount, *Pœni*, *Puni*, non seulement à la partie de l'Arabie d'où ils étaient sortis, mais successivement au Yemen et au pays des Somalis. Leurs caravanes poussaient sans doute jusque vers les côtes de la mer Rouge et de là jusqu'en Afrique. Des relations constantes avec l'Inde faisaient du pays de Pount une terre fortunée où l'imagination égyptienne rêvait assurément des merveilles fantastiques, mais qui devait cependant contenir assez de richesses pour expliquer l'idée extraordinaire qu'on en avait. D'après ce que le temple de Déir-el-Bâhâri nous a appris de l'expédition qu'Hatshopsitou, la reine célèbre dont la politique prépara la grandeur de Thoutmos III, envoya dans le pays des Somalis, il est permis de supposer que les peuples de Pount n'étaient nullement belliqueux, et qu'ils préféraient les échanges aux luttes à main armée. Ils accueillirent favorablement les Égyptiens, et n'hésitèrent pas à leur livrer les produits de leur terre, pour lesquels ils reçurent sans doute un prix dont le récit fastueux de la reine Hatshopsitou a négligé de nous parler. On peut juger par le tempérament des tribus barbares du Pount africain de ce que devait être celui des tribus plus douces du Pount asiatique. Les Phéniciens étaient une de ces tribus, et ce fut la première qui émigra vers la Méditerranée. Plus tard, les grands mouvements sémitiques qui ébranlèrent si fortement l'Asie occidentale et dont l'Égypte sentit plusieurs siècles le contre-coup, leur apportèrent tantôt des éléments nouveaux et tantôt les refoulèrent, plus complètement vers la mer, sur laquelle ils furent obligés de déborder pour échapper au poids incessant des émigrations qui les écrasaient de plus en plus. Nous sommes trop peu au courant des détails de leur histoire pour savoir quelle était leur organisation politique ; ce qu'il y a de certain, c'est qu'ils ne furent jamais réunis en un corps de nation unique, et il est vraisemblable que ce manque d'unité, joint à l'absence d'une armée régulière, prévint chez eux l'établissement d'un despotisme pareil à celui sous lequel étaient plongés les peuples qui les avoisinaient. La Phénicie se composait de petits États indépendants, parfois de villes libres, soumis à une royauté dont nous ne connaissons pas bien la nature, mais qui ne ressemblait en rien aux grandes monarchies africaines et asiatiques, où le pouvoir absolu reposait sur la force militaire. Dans des cités commerçantes, industrielles, nullement guerrières, une sorte d'aristocratie d'argent était prédestinée à se former à côté de la caste sacerdotale et de la classe ouvrière, et c'est à elle que devait appartenir l'influence jusqu'au jour où, comme il arriva à Tyr, des révolutions populaires la lui arrachèrent violemment et amenèrent peu à peu la ruine de la nation. Mais, au début de l'histoire, on était encore bien loin de ces divisions, qui ne pouvaient se produire que dans une civilisation déjà avancée. Les chefs de tribus devinrent probablement des chefs d'expéditions maritimes, des chefs de pirates entre lesquels se partagea l'autorité; et de ce morcellement de la puissance naquit une sorte de liberté, qui préparait les Phéniciens à servir de modèles et d'initiateurs aux Grecs. Quand ils abordèrent d'abord sur les îles de l'Archipel, puis sur les côtes de l'Hellade, ils y trouvèrent une population barbare, mais admirablement douée pour la vie, qu'ils exploitèrent longtemps sans pitié, mais qui finit par se former à leur exemple, par leur emprunter leur génie navigateur, par s'élancer avec eux sur la Méditerranée, par leur disputer enfin cet empire de la mer qu'ils avaient envahi les premiers, mais qui n'était pas plus à l'abri que l'empire de la terre d'émigrations et de conquêtes nouvelles.

Cette révolution ne s'accomplit pas en un jour. Ce furent les Grecs d'Asie qui reçurent les premiers la civilisation pour laquelle ils avaient de merveilleuses aptitudes. Bientôt l'action de ceux-ci ne se fit pas sentir moins fortement sur les Grecs d'Europe que celle des Phéniciens eux-mêmes. C'est ce qu'a démontré d'une manière irréfutable un des savants qui font le plus d'honneur à l'Allemagne, un historien éminent, M. Ernest Curtius. « Nous pouvons comprendre tous les peuples établis sur les côtes de l'Asie-Mineure, dit-il dans sa belle *Histoire grecque*, ceux du moins qui appartiennent à la race phrygio-pélasgique, sous la dénomination générale de Grecs d'Orient. Si différente qu'ait été leur attitude vis-à-vis des Phéniciens, ils ont eu au moins cela de commun qu'ils se sont approprié la civilisation d'un peuple plus avancé qu'eux et ont su, à force d'intelligence, lui dérober le secret de sa supériorité. Habitués de longue date à la pêche, ils commencèrent alors à munir leurs canots d'une quille qui leur permit de risquer les traversées les plus hardies ; ils copièrent les vaisseaux marchands arrondis et bombés, les *coursiers marins*, comme ils les appelaient ; ils apprirent à combiner la voile avec la rame et à gouverner, le regard fixé, non plus sur les objets changeants du rivage, mais sur les étoiles. Ce sont les Phéniciens qui ont découvert au pôle l'humble étoile dans laquelle ils voyaient le guide le plus sûr de leurs voyages nocturnes, tandis que les Grecs choisirent pour point de repère la constellation plus brillante de la Grande Ourse; mais si par là ces derniers se montraient inférieurs à leurs maîtres en fait de précision astronomique, ils furent pour tout le reste leurs rivaux et leurs rivaux heureux. Aussi ont-ils peu à peu évincé les Phéniciens de leurs parages, et c'est ce qui explique pourquoi, précisément sur les côtes de l'Eonie, la domination maritime des Phéniciens a laissé si peu de souvenirs[1]. »

La Grèce d'Europe fut donc soumise à un double courant, l'un qui venait d'Asie-Mineure et qui partait, en conséquence, d'une race semblable à la race grecque européenne; l'autre qui arrivait directement de Phénicie. Mais, de part et d'autre, l'origine du mouvement était la même, puisque c'est dans

1. *Histoire grecque*, de Ernest Curtius, traduite de l'allemand par M. Bouché-Leclercq, t. Ier, p. 49.

les ports de la côte phénicienne qu'il avait pris naissance. Les Phéniciens n'avaient pu fonder au sud de leur territoire que bien peu d'établissements indépendants ; c'est tout au plus s'ils s'avancèrent jusqu'au mont Casios, sur la frontière de l'Égypte. Au delà, le pharaon était trop puissant pour leur permettre de tenter des entreprises menaçantes, et tant que la monarchie égyptienne conserva son éclat, ils durent se contenter d'avoir dans les villes du Delta, à Tanis, à Bubaste, à Mendès, à Saïs, des entrepôts relevant de l'autorité locale. Ce fut donc, comme je viens de le dire, vers le nord, en Asie-Mineure, et vers l'ouest, dans l'Archipel et dans l'Hellade, qu'ils cherchèrent et qu'ils trouvèrent le champ d'explorations et d'aventures dont ils avaient besoin. Leurs propres mythes et les légendes grecques sont malheureusement l'unique témoignage qui nous en est resté. Il faut suivre les traces de Melkarth, l'Hercule tyrien traversant l'Afrique, franchissant le détroit auquel il donna son nom, soumettant l'Espagne, puis retournant vers l'est par l'Asie, par la Gaule, par l'Italie, par la Sardaigne, par la Sicile, il faut accompagner Kinyrias à Chypre et à Mélos, il faut escorter Kadmos, parti à la recherche de sa sœur, à Rhodes, dans les Cyclades, à Thèbes de Béotie et jusqu'en Illyrie, il faut rechercher minutieusement la vérité sous les fables qui la cachent mais qui la révèlent, pour reconstruire, en partie du moins, l'histoire des découvertes phéniciennes. Mais je ne saurais le faire ici. Je voudrais seulement rappeler que la colonisation phénicienne a précédé et préparé la colonisation grecque, qui en a été la revanche sans doute, mais qui jamais n'aurait pu avoir lieu sans elle.

Tous les vieux récits de la Grèce sont pleins de souvenirs de l'arrivée de matelots et de négociants dont les vaisseaux étaient remplis de marchandises qu'ils déposaient sur la grève, offrant à l'avidité naïve des indigènes mille séductions auxquelles ceux-ci ne résistaient pas.

« Il y avait encore le long de la mer, dit M. Ernest Curtius, certains endroits où les anciennes traditions parlaient encore de ce commerce; que dis-je? Hérodote ouvre son histoire par une description animée de la vieille Argos, où des matelots étrangers ont établi un bazar des produits de l'industrie phénicienne, assyrienne, égyptienne qui fait accourir la population du littoral. Les marchandises, dit Hérodote, restaient exposées cinq ou six jours; c'était un marché hebdomadaire qui se fermait le sixième jour, selon la coutume des peuples sémitiques. Les trafiquants reportaient à bord ce qu'ils n'avaient pas vendu; mais leurs plus gros bénéfices étaient quand ils réussissaient à attirer sur le port, par l'appât de la curiosité, les filles du pays, comme il arriva, dit-on, à Io. Alors ils faisaient en secret leurs préparatifs de départ pour les enlever et les vendre au loin sur les marchés d'esclaves [1]. »

Si peu délicat que fût ce dernier commerce, c'est probablement grâce à lui que les Phéniciens assuraient le maintien de leurs relations avec les grandes monarchies orientales. Pour-

1. *Histoire grecque*, p. 44.

voyant les harems d'Orient de femmes et d'esclaves, ils étaient trop utiles pour qu'on songeât à éteindre leur activité en détruisant leur nationalité. En fait d'indépendance politique, ils n'étaient point difficiles d'ailleurs ; ils se soumettaient sans trop de peine à la domination étrangère à la condition que cette domination les laissât libres de continuer leurs fructueuses entreprises, et se bornât à exiger d'eux un tribut. C'est ainsi qu'après avoir eu l'imprudence de prendre part aux révoltes contre l'Égypte, ils en vinrent à accepter sans résistance la suzeraineté des Pharaons, qui blessait médiocrement leur patriotisme peu susceptible et qui leur offrait des avantages matériels dont ils surent tirer un parti considérable. En échange de leur liberté politique, ils acquirent, ce qui leur paraissait bien préférable, le privilège de faire le commerce en Égypte pour le compte des étrangers, et à l'étranger pour le compte de l'Égypte. C'est par ce moyen qu'ils s'initièrent aux arts de l'Égypte, qu'ils connurent sa civilisation, qu'ils purent en répandre les produits parmi des nations auxquelles l'accès en était impossible. Ils jouèrent là un rôle analogue à celui des Levantins, des Juifs et des colonies européennes dans le monde arabe et dans le monde turc à l'époque où l'empire ottoman avait toute sa puissance. Ils furent des intermédiaires indispensables que les orgueilleux pharaons pouvaient bien couvrir d'épithètes méprisantes dans des inscriptions fastueuses, mais dont l'Égypte ne pouvait se passer. Quant à eux, s'ils commirent la faute de se mêler quelquefois à des coalitions malheureuses, ils n'eurent jamais d'idées de conquête et ne songèrent point à fonder un grand empire du genre de ceux qu'ils voyaient sur leurs frontières. Ces pensées ambitieuses ne viennent pas à des peuples aussi divisés qu'ils l'étaient. Leur politique fut beaucoup plus pratique ; ils s'emparèrent peu à peu de toutes les routes qui, des grands marchés de l'extrême-orient, de l'Inde, de la Bactriane, de la Chaldée, de l'Arabie, des régions du Caucase, se dirigeaient vers l'Occident pour venir aboutir à Sidon et à Tyr. On ignore si les marchands phéniciens allaient chercher eux-mêmes l'or du mont Altaï ou les produits du Gange ; il est probable qu'ils se bornaient à tirer leurs denrées des entrepôts intermédiaires de l'Arabie et de la Chaldée. Mais il est certain qu'ils s'étaient établis sur les points les plus éloignés et les plus sûrs des grandes voies commerciales, qu'ils avaient occupé les gués des rivières et les défilés des montagnes ; en un mot, que toutes les positions de nature à assurer à leurs caravanes une sécurité aussi complète que possible étaient tombées entre leurs mains. Laïs, aux sources du Jourdain, non loin de la route qui mène d'Égypte en Assyrie, et passe de la Syrie méridionale dans la Cœlé-Syrie, était une colonie sidonienne ; Hamath, dans la vallée de l'Oronte, Thapsaque, au gué de l'Euphrate, Nisibis, près des sources du Tigre, passaient pour être de fondation phénicienne. La Phénicie pénétra donc de toutes parts le monde oriental, nullement désireuse d'exercer sur lui un pouvoir politique quelconque, pourvu qu'elle parvînt à s'emparer du monopole de son commerce et à diriger vers elle le cours de ses richesses. Le même esprit la guida en Europe. Les îles où les Phéniciens trouvaient d'utiles stations navales furent occupées ; quant au continent, ils l'auraient sans doute abandonné tout entier si l'exploitation des trésors qu'il renfermait n'avait pas exigé quelques établissements fixes. Les matelots phéniciens, qui voyageaient surtout pour procurer des matières premières à leur industrie, durent s'emparer souvent d'une partie du littoral afin de fonder des entrepôts. Tout le monde connaît l'influence qu'a exercée le petit coquillage qui contenait la pourpre sur la colonisation phénicienne ; rien, dans l'antiquité, suivant l'expression de M. Ernest Curtius, n'a plus puissamment contribué à mettre en contact l'ancien et le nouveau monde. « Les vaisseaux, ajoute le célèbre historien, étaient de petite dimension, et comme chaque animal ne fournit qu'une gouttelette de suc, il était impossible de transporter les coquillages eux-mêmes aux ateliers de fabrication. On organisa donc la pêche de manière à pouvoir se procurer immédiatement sur les lieux la précieuse liqueur. On fit de plus longues absences ; les vaisseaux se relayèrent. Au lieu de débarquer tantôt d'un côté, tantôt d'un autre, et d'installer çà et là des marchés volants, on eut des stations fixes et on choisit, à cet effet, des îles à proximité des côtes qui laissaient entre elles et le rivage adjacent un ancrage commode, comme Ténédos en face de Troie, Cranœ dans le golfe de Gythéion, Cythère, ou encore des presqu'îles saillantes, telles que Nauplion dans l'Argolide et Magnésie en Thessalie[1]. »

C'est ainsi que, tour à tour, pirates et commerçants, marins et colons, les Phéniciens initièrent à la civilisation les peuples qu'ils exploitaient. Beaucoup plus avancés que ceux-ci sous tous les rapports, héritiers des grandes nations touraniennes qui avaient précédé les Sémites en Asie, sans cesse en relations avec l'Assyrie, la Babylonie et l'Égypte, recevant, par voie directe ou indirecte, jusqu'aux productions de l'Inde, ils étaient parfaitement préparés à leur enseigner ce qui était néces-

1. *Histoire grecque*, p. 45.

saire pour les faire sortir de la barbarie, où ils les avaient trouvés plongés lors de leurs premières excursions. On retrouve donc une influence sémitique à l'origine de ce monde grec que l'on s'obstinait à représenter jadis comme purement et exclusivement aryen. Le souvenir de cette influence était peu agréable aux Grecs, et l'on sait de quelles terribles légendes ils ont entouré l'histoire fabuleuse d'une époque qui, bien que marquée par leurs premiers progrès, leur rappelait les ruses, les violences, les crimes, les catastrophes sanglantes que la transition entre les loisirs de la vie patriarcale et les luttes d'une vie nouvelle dût entraîner inévitablement. Il n'en est pas moins vrai que lorsque les colons phéniciens arrivèrent dans le monde grec; ils y trouvèrent une population qui ressemblait fort à des peuplades sauvages. Elle se forma à leur contact. Pour s'entendre avec eux, il fallait bien les comprendre; pour acheter leurs marchandises ou pour leur vendre les matières premières qui servaient à leur industrie, il fallait bien adopter leurs poids, leurs mesures, leur manière d'écrire et de compter; pour leur fournir des objets de consommation, il fallait bien apprendre d'eux l'agriculture, l'art d'exploiter les forêts, tous les procédés au moyen desquels on pouvait tirer parti d'un pays fertile, mais auquel on n'avait demandé jusquelà que les fruits qu'il produisait sans labeur. C'est ainsi que les Grecs se mirent au courant d'une foule d'inventions qui pour la plupart avaient pris naissance en Orient, et qui leur arrivaient perfectionnées par le génie pratique des Phéniciens. C'était en quelque sorte tout le matériel, tout l'outillage d'une civilisation qu'on leur apportait. Doués, comme ils l'étaient, d'une intelligence remarquablement prompte, ils s'assimilèrent sans trop de peine les leçons de leurs hôtes. Ils surent bientôt tracer des routes, creuser des ports, fréter des navires, en préparer la cargaison. A l'existence pastorale succéda pour eux l'existence agricole. Le cyprès, le dattier, le figuier, l'olivier, venus d'Orient, s'acclimatèrent dans leur contrée; la vigne, transportée de la Crète vers le nord, alla s'implanter à Naxos et à Chio, pour se répandre de là sur les côtes environnantes : la nature elle-même se transforma. Le grand nombre de mots d'origine sémitique que l'on rencontre dans la langue grecque prouve combien l'action phénicienne fut décisive aux premiers âges de la Grèce. « La grammaire grecque, a dit M. Oppert, nous indique un organisme analogue à la grammaire sanscrite, latine, slave; mais le dictionnaire, quoique montrant une très grande majorité de mots, surtout de racines verbales, évidemment aryens, nous révèle une minorité très respectable de termes étrangers à toutes les autres langues indo-européennes et de vocables sémitiques. Ces termes ne se bornent pas aux expressions désignant des animaux, des métaux, des végétaux, mais expriment en partie les notions les plus essentielles à la vie civile et politique, et par lesquelles les Hellènes seuls se séparent des nations indo-européennes. »

M. F. Lenormant a montré de son côté que, parmi les mots que la langue grecque a reçus des Phéniciens, ceux qui paraissent le plus anciennement introduits et, somme toute, les plus importants, sont antérieurs à l'âge des poésies homériques, et qu'à cette époque, l'adoption en remontait assez haut pour qu'ils eussent déjà pris rang parmi les racines de la langue et pour qu'ils eussent formé toute une série de dérivés soit à eux seuls, soit en entrant en composition avec d'autres racines. Résultat singulièrement important, puisqu'il nous permet de compléter la légende de Kadmos, et de reconnaître qu'avec l'alphabet, les Grecs empruntèrent aux Phéniciens presque tous les mots nécessaires aux usages nouveaux que ceux-ci avaient importés dans le monde hellénique.

L'influence phénicienne ne se fit naturellement point sentir sur une contrée unique ; elle se répandit, comme je l'ai déjà dit, sur une foule de peuples, les uns d'origine absolument aryenne, les autres d'origine bâtarde et qui étaient destinés à disparaître aux dépens des nations plus favorisées qu'eux. Comme M. Renan l'a remarqué, le nom des Phéniciens couvrait en réalité des migrations de peuplades ioniennes vers l'Occident. Il est certain que la pénétration mutuelle des Phéniciens et des Ioniens fut telle, à un moment donné, qu'il n'y eut plus moyen de distinguer exactement de quelles races se composaient les innombrables colonies qui se répandaient sur toutes les rives de la Méditerranée. Mais peu importe ! Il suffit que l'impulsion soit partie des Phéniciens pour qu'on leur attribue le mérite d'une œuvre où leurs collaborateurs n'étaient après tout que leurs élèves. C'est donc avec raison qu'on fait remonter jusqu'à eux l'origine de la brillante civilisation qui précéda la civilisation grecque proprement dite, quoiqu'elle se soit surtout développée sur la côte occidentale de l'Asie-Mineure et dans l'île de Crète. C'est là que du mélange des éléments phéniciens, phrygiens et helléniques sortirent peu à peu une religion, une politique, une science et des arts nouveaux ; c'est là que s'agitèrent pour la première fois les idées qui allaient animer la Grèce ; c'est là que les dieux de celle-ci se formèrent ; c'est là que sa conscience individuelle s'éveilla ; c'est là que ses mythes s'arrêtèrent, que ses croyances se dégagèrent des doctrines orientales avec lesquelles elles étaient d'abord confondues.

Il est aisé de s'apercevoir que la mythologie grecque est encore plus imprégnée de souvenirs sémitiques que la langue grecque. Les légendes helléniques, qui nous montrent les principales divinités du panthéon national arrivant de pays étrangers ou sortant du sein des flots, ne sont que l'expression poétique d'une vérité historique. Partout où s'établissaient les Phéniciens, ils fondaient un sanctuaire. Or, leur religion avait un caractère tout particulier. Marins, industriels et commerçants, ils avaient pris aux Soumirs et aux Accads les pratiques magiques, le culte des étoiles et des planètes, qui répondaient si bien aux nécessités et aux périls de la navigation ; mais les dieux réellement phéniciens étaient Baal Hamman, image du feu solaire, avec Tanit son épouse, Astarté, la déesse équivoque, symbole de l'inépuisable fécondité de la nature, qui était devenue par une évolution assez étrange, la patronne des matelots, Melkarth, le héros des aventures coloniales, en un mot tous les représentants, tous les propagateurs de la civilisation. Les Grecs apprirent à les connaître ; tantôt ils les adoptèrent purement et simplement, tantôt ils les amalgamèrent avec leurs propres dieux. La sensuelle Astarté de Sidon fut combinée avec Aphrodite, Melkarth de Tyr se confondit avec Héraclès, la sévère Tanit fut identifiée avec d'autres déesses. Avant l'arrivée des Phéniciens, les Pélasges, c'est-à-dire les Grecs primitifs, adoraient comme toutes les branches de la famille aryenne, comme les Hindous, les Perses, les Germains, le dieu suprême caché dans la demeure lumineuse de l'Invisible, dans le ciel, dans l'éther, le Zeus impersonnel pour lequel la nature elle-même avait dressé des autels sur les cimes des montagnes où l'on cherchait à se rapprocher de lui. Au contact des divinités asiatiques, Zeus ne disparut pas, mais il fut assimilé à Baal, sous le nom de Zeus Epikoinios, et descendant de ses hauteurs inaccessibles, il reçut la charge aussi modeste qu'utile de protéger les marchés. Il devint une figure mixte, moitié sémitique, moitié aryenne, exerçant sur la nature un pouvoir suprême suivant l'idée sémite, mais doué, suivant l'idée aryenne, de passions et d'attributs humains. L'inépuisable imagination des Grecs enfanta aisément des légendes poétiques pour couvrir ces combinaisons hétérogènes. S'attachant d'abord à la forme des divinités qu'ils trouvaient représentées dans les images phéniciennes, ils se chargèrent de les débarrasser de tout ce qui, par des rapports trop directs avec l'Orient, blessait la finesse instinctive de leur goût, et suppléèrent, au moyen de mythes ingénieux, à ce qu'ils rejetaient ou à ce qu'ils ne comprenaient pas. Leur théologie fut toujours assez flottante. Ils s'accommodaient des notions les plus diverses dès qu'ils étaient arrivés à les encadrer dans des récits séduisants. C'est ainsi qu'ils ne se firent jamais une idée bien nette du monde des morts. Les Sémites leur avaient appris qu'il était situé au plus profond de la terre, et que les défunts y menaient une vie d'ombres dépourvues d'intelligence et de sentiment, qui n'était que la reproduction affaiblie de l'existence terrestre ; d'autre part, ils s'imaginaient, comme aryens, que le monde des morts était situé à l'ouest, près du soleil couchant, et que les privilégiés étaient admis dans les champs Élysées ou dans les îles des bienheureux. Incapables de choisir entre les deux conceptions, ils les laissèrent subsister l'une à côté de l'autre, peu soucieux de faire de leurs représentations funéraires les témoignages d'une croyance précise, pourvu qu'ils en fissent des œuvres d'art accomplies, ni de désespérer les archéologues de l'avenir pourvu que les artistes de tous les temps fussent charmés.

Mais si l'on veut se rendre réellement compte de la nature de l'influence exercée par les Phéniciens sur les Grecs primitifs, on ne doit pas se borner à chercher dans la langue grecque des mots et dans la mythologie grecque des souvenirs sémitiques. Les Phéniciens n'étaient nullement un peuple créateur. Comme je l'ai déjà observé plusieurs fois, ils tiraient des grandes monarchies orientales les éléments de civilisation qu'ils transportaient ensuite dans le monde hellénique. On leur a longtemps attribué l'invention de l'alphabet. C'était une erreur. Pour l'alphabet aussi bien que pour tout le reste, ils n'ont été que des simplificateurs habiles. Hermès-Toth, le représentant de la science égyptienne, passait dans l'antiquité, pour le premier instituteur des Phéniciens dans l'art de peindre les articulations de la voix humaine. Sanchoniathon, Platon, Diodore, Plutarque, Aulu-Gelle, nous ont transmis cette opinion.

Suivant Anticlide, l'invention remonterait à un certain roi *Menou*, qui est sans doute le Menès des listes de Manéthon. Enfin selon Tacite, qui nous a donné sur l'Égypte quelques renseignements fort exacts, les lettres avaient été originairement apportées d'Égypte en Phénicie. M. de Rougé a démontré dans son beau et décisif *Mémoire sur l'origine égyptienne de l'alphabet phénicien*, la parfaite exactitude de ces témoignages. Dès la IIIe dynastie, c'est-à-dire dès l'âge des Pyramides, l'Égypte était en possession d'un système d'écriture formant un ensemble harmonieux et ayant déjà produit toute une littérature. C'est à ce système que les Sémites sont venus demander leur propre alphabet; ils ne l'ont point modifié profondément, comme on l'avait cru; ils se sont bornés, avec leur génie pratique ordinaire, à le réduire aux éléments rigoureusement nécessaires pour déterminer la charpente des syllabes, en laissant de côté tous les signes idéographiques dont les Égyptiens avaient eu besoin pour suppléer à l'imperfection de l'écriture des sons et prévenir l'obscurité. A quelle époque et dans quelles conditions ont-ils fait cet emprunt? On l'ignore; M. E. de Rougé pensait cependant qu'on pouvait rattacher les commencements de l'alphabet sémitique aux luttes qui pendant quelques siècles ont placé l'Égypte sous une domination chananéenne. On sait que les pasteurs, si sévèrement jugés par Manéthon, n'étaient point restés les barbares dont l'invasion avait provoqué tant de catastrophes; ils s'étaient peu à peu assimilé la civilisation égyptienne, à laquelle ils étaient sur le point de donner une forme pleine d'originalité lorsqu'ils ont été violemment refoulés en Syrie. « Les nomades asiatiques, dit M. de Rougé, établis dans la Basse-Égypte, subissent au bout de peu d'années l'influence de la civilisation répandue dans la vallée du Nil; ils apprennent à connaître les arts égyptiens; ils emploient l'architecture du pays, et la décoration officielle qui se fait au nom de leurs souverains montre que l'écriture égyptienne ne leur reste pas complètement inconnue. Rien n'était plus facile aux hiérogrammates que d'écrire avec leur alphabet les mots de la langue nationale des pasteurs, comme ils ont écrit plus tard les mots sémitiques dans leurs papyrus. Les personnages les plus intelligents de la nation conquérante ont pu ainsi directement emprunter aux hiérogrammates tout un corps d'écriture approprié à leurs besoins. L'occupation de la Basse-Égypte dura longtemps, cinq cent onze ans jusqu'à la guerre qui mit fin à cette oppression, s'il en fallait croire le fragment de Josèphe. On peut raccourcir considérablement cet espace sans qu'il en résulte aucun obstacle à l'introduction de l'écriture parmi les peuples asiatiques ; un siècle de contact suffirait amplement. L'état peu avancé de nos connaissances sur la chronologie égyptienne ne permet pas d'assigner une date à ces débuts de l'écriture purement alphabétique ; je ne crois pas néanmoins qu'on puisse placer cet événement à une moindre antiquité qu'au xixe siècle avant notre ère. Nous pouvons présumer que la précieuse découverte se répandit très promptement dans toute l'Asie occidentale. Le récit des conquêtes de Thoutmos III et les tributs qu'il reçoit des nations syriennes attestent déjà un assez haut degré de culture et de richesse industrielle. L'écriture, favorisée par la diffusion du papier égyptien, apporté par les vainqueurs, dut se répandre à cette époque partout où les relations des peuples étaient libres. Josué trouve dans la Palestine la *ville du livre* et le prince de *Khéta* luttant contre Ramsès II menait à sa suite son *écrivain des livres.* »

Quoi qu'il en soit, si la Phénicie prit à

l'Égypte son alphabet, elle lui prit également ses arts, ses idées, ses légendes ; elle fit des emprunts analogues aux empires de Ninive et de Babylone, dont elle dédaigna le système d'écriture, quoiqu'il servît à des langues sémitiques, parce qu'elle le trouva sans doute beaucoup trop compliqué. Nation utilitaire, comme on dit aujourd'hui, elle ne se donna pas la peine de créer un art individuel, elle adopta l'art des peuples voisins. Uniquement occupée d'industrie, au lieu de travailler à des œuvres achevées, elle produisit une quantité innombrable d'objets de commerce dont l'Égypte ou l'Assyrie lui fournissait le type, le modèle, les procédés d'exécution. De ses ateliers sortaient sans cesse des étoffes aux couleurs éclatantes, aux dessins copiés sur les inventions étrangères, des meubles, des ustensiles dont les dispositions étaient imitées de ceux du dehors, des statuettes où se combinaient tous les attributs mythologiques des panthéons les plus divers, des coupes où les légendes de Thèbes rencontraient celles de Ninive dans des représentations dont le but était de plaire, non de respecter la vérité religieuse ou historique.

Certaines villes industrielles de l'Angleterre et du midi de la France fabriquent chaque année par milliers des produits soi-disant orientaux adaptés au goût des pays turcs et arabes, et qui trouvent en Orient un marché toujours ouvert. Il en était de même dans l'antiquité des œuvres phéniciennes ; c'était de l'égyptien ou de l'assyrien d'exportation ; préparées uniquement pour la vente, ces œuvres ne venaient pas d'artistes à la poursuite du beau ou de théologiens recherchant dans un symbole la traduction d'un dogme, mais de fabricants désireux de s'enrichir. Tout motif était bon qui était sûr de convenir à un acheteur. C'est pourquoi les Phéniciens choisissaient indifféremment leurs motifs, faisaient tour à tour de l'égyptien, de l'assyrien, des genres combinés, reproduisaient tout ce qui frappait leur regard, pillaient le monde entier pour alimenter leurs usines et pour faire aller leur commerce. Juger sévèrement cette indifférence mercantile serait une grande erreur historique. C'est à elle que les Grecs primitifs, qui ne voyageaient pas, ont dû de connaître, par des reproductions de seconde main, parfois même de troisième, de quatrième ou de vingtième main, les idées et les œuvres des grandes monarchies orientales qui avaient atteint un si haut degré de civilisation à l'époque où ils étaient plongés dans une barbarie complète. Des siècles devaient s'écouler encore avant que quelques-uns d'entre eux missent le pied à Thèbes, à Memphis, à Babylone ou à Ninive, et pussent contempler les monuments de ces villes inaccessibles. N'était-ce donc point une véritable fortune que de recevoir, même dans des images grossières, un reflet de ces merveilles? Qu'on songe à ce qu'étaient alors les Grecs, à la vie qu'ils menaient dans des forêts et des grottes, se nourrissant des fruits que la terre portait sans culture, des produits de leur chasse et du lait de leurs troupeaux! Leur horizon s'arrêtait à la mer, qu'ils regardaient comme les bornes du monde. Tout à coup, sur ces flots jusque-là solitaires, où le regard errait à l'infini sans rencontrer autre chose que des ondulations monotones, apparurent de hardis marins, audacieux jusqu'au brigandage, égoïstes, cruels, sans foi ni vertu, mais dont les vaisseaux étaient chargés d'objets admirables que les belles filles de la Grèce venaient contempler de si près que souvent elles n'aperçurent pas, dans la vivacité de leur enthousiasme, l'ancre qui se levait, la voile qui se gonflait et la flotte qui les entraînait captives vers les harems de l'Orient. Ces marins racontaient des histoires étranges, ils parlaient de divinités inconnues, ils affirmaient qu'au loin, par delà l'horizon, la mer cessait de nouveau pour faire place à de nouvelles terres chargées de villes splendides et de palais qui dépassaient tout ce que l'imagination pouvait concevoir de plus beau. A leurs récits, l'esprit s'allumait; un jour imprévu éclairait l'âme, jusqu'alors obscure, des peuplades de la Grèce. On les écoutait longtemps, et quand ils partaient, emportant, en échange de leur marchandise, les arbres des forêts et les coquillages de la plage, on

s'estimait heureux de s'être procuré à si peu
de frais mille objets qui rappelaient tout ce
qu'ils avaient dit. On y retrouvait la reproduction des scènes qu'ils avaient décrites,
des pays dont ils avaient parlé. Bien plus,
on s'appliquait à y déchiffrer des signes
mystérieux qui reproduisaient les sons du
langage et qui redisaient les récits par lesquels on avait été si fortement ébranlé. Dans
l'ignorance profonde de la Grèce, c'est ainsi
qu'un rayon, échappé des grandes civilisations orientales, pénétra peu à peu jusqu'à
un peuple qui ne demandait pas autre chose
pour briller à son tour du plus pur éclat.
Quelque éloigné que fût le foyer, la clarté
en était encore puissante, puisqu'il a suffi
à illuminer les Grecs. Si les Phéniciens
avaient été exclusifs, s'ils avaient eu un goût
personnel intransigeant auquel ils auraient
tout soumis, qui sait si l'effet eût été le
même ? Plus les éléments d'une combinaison
sont nombreux, plus cette combinaison est
puissante. C'est parce que l'Orient tout entier,
grâce au génie cosmopolite des Phéniciens,

est entré dans l'éducation de la Grèce, que la Grèce a atteint ce degré de perfection dont nous n'avons pas cessé d'être éblouis.

Aucun écrivain n'a mieux expliqué de quelle manière s'est exercée l'influence phénicienne, qu'un érudit français, M. Clermont-Ganneau, dans son livre sur l'*Imagerie phénicienne et la mythologie iconologique chez les Grecs*. D'après lui, l'imagerie phénicienne n'a pas eu seulement une action décisive sur l'art hellénique ; son action sur la mythologie a été tout aussi grande; elle n'a pas moins suscité d'idées qu'elle n'a inspiré de formes. Je signalais tout à l'heure les caractères sémitiques qu'on retrouve chez les dieux grecs; M. Clermont-Ganneau va plus loin; il montre qu'en poursuivant l'analyse, on distingue dans la plupart des légendes mythologiques de la Grèce une origine égyptienne ou assyrienne. Les mythes se transmettent autant par l'image que par la parole. Lorsque les Phéniciens laissaient sur les côtes de la Grèce d'innombrables coupes sur lesquelles s'étalaient de longues scènes empruntées aux représentations des monuments réligieux de Thèbes ou de Babylone et déjà profondément altérées par eux, une altération nouvelle se produisait dans l'esprit des Grecs. Charmés des épisodes qui frappaient leurs regards, ils cherchaient à les rattacher soit à une de ces histoires divines ou héroïques que les Phéniciens leur avaient contées, soit à celles qu'ils avaient créées eux-mêmes en brodant sur les récits des Phéniciens. Les Grecs de toutes les époques ont été fortement enclins à expliquer par une légende ce qu'ils ne comprenaient pas ou ce qu'ils ignoraient. Leurs historiens ont trop souvent suivi cette méthode. A plus forte raison, l'imagination populaire devait-elle se donner libre carrière aux époques lointaines où, rien n'étant connu, il était permis de tout inventer. Aussi ne doit-on pas s'étonner que l'interprétation des images phéniciennes ait donné lieu à une véritable floraison de mythes qui graduellement sont entrés dans la religion nationale, et ont été tenus pour vérités dogmatiques.

D'après M. Clermont-Ganneau, les principaux épisodes du cycle d'Héraclès peuvent être reconstitués à l'aide des coupes phéniciennes, et quelques-uns d'entre eux ont pris naissance dans des représentations dont le modèle décore les temples égyptiens. Héraclès ne serait donc pas uniquement le Melkarth des Phéniciens, il serait aussi l'Horus des Égyptiens. A des distances énormes, certaines parties des deux mythes se rejoindraient, et le lien qui les aurait réunis se trouverait dans ces produits fragiles de l'industrie de Tyr et de Sidon, que le temps n'a pas respectés et dont nous ne possédons malheureusement qu'un petit nombre d'exemplaires. Si médiocres qu'ils fussent, ils ont joué un rôle décisif dans la formation des religions antiques ; c'est par eux que la filiation entre la Grèce et les monarchies orientales s'est établie. Cette vue est d'une singulière justesse. Il ne faut pas craindre de rattacher de grands effets à de trop petites causes. Est-ce que le coquillage qui produisait la pourpre et auquel personne ne fait attention aujourd'hui, n'a pas été, suivant la remarque de M. E. Curtius, un des facteurs principaux de la civilisation humaine ? C'est également par les coupes et par les objets phéniciens, pauvres en eux-mêmes, que le génie de la Grèce a été éveillé. Les décorations plus ou moins grossières qui les couvraient ont donné aux artistes grecs leurs premières leçons, et ces faibles images ont formé l'école d'où Phidias et Praxitèle sont sortis au terme de l'évolution. On ne conteste plus aujourd'hui à l'Égypte et à l'Assyrie l'honneur d'avoir créé un art dont on retrouve la marque évidente dans les œuvres les plus achevées de la Grèce. Mais il reste à comprendre comment l'inspiration égyptienne et assyrienne a pu arriver jusqu'en Grèce. L'explication de M. Clermont-Ganneau est la plus simple et la meilleure. L'imagerie phénicienne a révélé l'art aux Grecs, comme elle leur a révélé certaines parties de la religion. C'est sur les éléments qu'elle leur a fournis qu'ils ont travaillé. Si les renseignements qu'elle contenait étaient imparfaits et infidèles, ils étaient en revanche très abondants. En les comparant les uns aux autres, on en tirait d'utiles leçons qui eussent peut-être été stériles pour d'autres peuples, mais qui ont été pour les Grecs d'une incomparable fécondité.

Est-ce à dire qu'en cessant d'être un phénomène antihistorique, qu'en rentrant dans la règle commune, la Grèce perde son prestige et ne mérite plus l'admiration universelle qu'elle a excitée jusqu'ici ? A coup sûr non. Rien n'est réellement beau que ce qui est naturel et vrai. La Grèce, qu'on nous dépeignait autrefois naissant on ne sait où et on ne sait comment à la civilisation, sortant déjà parfaite de ses forêts sauvages et de ses rochers dénudés, découvrant en quelques siècles les sciences, les arts, la politique, ne devant rien qu'à elle-même, inventant sans maître ce que toutes les nations n'apprennent qu'à l'aide de leçons multipliées, avait le grave défaut de n'être point humaine. Placée en dehors des conditions du possible, son histoire n'était qu'une légende, séduisante peut-être, mais incapable de résister au moindre examen. Il n'en est pas de même de la Grèce nouvelle que la connaissance de l'Orient antique et de la Phénicie nous a révélée. Ses origines ressemblent à toutes les origines ; elles sont conformes à l'éternelle vérité ; le miracle n'y apparaît nulle part, et si l'on rencontre encore la fable, ce n'est que comme vêtement poétique de la réalité. Il est arrivé à la Grèce elle-même ce qui est arrivé aussi à ses chefs-d'œuvre. Apprécie-t-on moins ces derniers depuis qu'on les comprend mieux, depuis que, sans y voir des productions abstraites, d'une beauté absolue, indépendante du temps et de l'espace, des types universels et cosmopolites, on les replace dans le milieu où ils ont paru et on les éclaire du reflet des circonstances qui les ont fait naître ? Quoi qu'on en puisse penser, c'est la vie qui est encore la qualité suprême, et de là vient qu'aucun roman n'égalera jamais l'histoire. La Grèce historique, que la science moderne nous montre, a pour elle un grand avantage : elle a vécu. Arrivée au terme d'une immense évolution civilisatrice, elle en a été le merveilleux épanouissement. Tous les éléments des vieilles civilisations orientales que la Phénicie lui apportait pêle-mêle ont été refondus par elle suivant son génie particulier, et il s'est trouvé que ce génie était si pur que ce qu'il a touché en a été rajeuni et a brillé d'une splendeur sans égale. Sans doute, on peut rencontrer en Égypte la plupart des combinaisons d'art qui sont entrées dans la composition du Parthénon: qui oserait cependant mettre les artistes de Memphis et de Thèbes au niveau de Phidias? Sans doute aussi, le Melkarth tyrien est le type primitif de l'Héraclès grec: quelle différence cependant entre le mythe compliqué des Phéniciens et la charmante légende du héros hellénique! Le sens poétique et philosophique de la Grèce a transformé les créations de l'Orient, il les a dégagées du symbolisme qui les étouffait, il les a rendues à la fois plus humaines et plus nobles. On peut savoir et prouver sans crainte qu'Aphrodite, au lieu de surgir du sein des flots souriant à ses irrésistibles séductions, est sortie de l'image de l'Astarté phénicienne et mésopotamienne, et que ses amours avec Adonis, loin d'être un épisode plein de fraîcheur et de grâce, ont été la cause et le prétexte des plus licencieuses manifestations, on n'empêchera pas les Grecs d'avoir modifié ce naturalisme grossier pour faire d'une déesse qui leur arrivait sous des traits aussi troublants l'exemplaire immortel de la beauté. Transformer ainsi, pour un peuple, c'est créer au vrai sens du mot, car la puissance des nations est comme celle de l'homme, elle ne tire rien du néant et ne saurait s'exercer que sur ce qui existe déjà.

Telles étaient les réflexions que je faisais le soir à Saïda, en m'éclairant de la lecture de quelques livres que j'avais apportés dans mes bagages. Je me demandais encore comment avait sombré la prospérité des Phéniciens, et à quelles causes il fallait attribuer la chute de ces villes jadis si grandes dont je venais de parcourir les débris. La réponse est assez simple. La Phénicie a péri victime du succès de ses entreprises. Il lui est arrivé ce qui est arrivé depuis à tous les peuples dont le rôle a été semblable au sien, ce qui arrivera toujours à ceux que son exemple séduira. A mesure que ses colonies s'étendaient, il lui était plus difficile de continuer à exercer sur elles une action directe. Peu à peu elles s'émancipèrent toutes, et, par une ingratitude qui semble être une règle constante en histoire, elles s'appliquèrent à détruire la métropole à laquelle elles devaient leur naissance.

Parvenu à une civilisation supérieure, le monde grec eut pour principale ambition de prendre sur la Méditerranée la place que les Phéniciens y avaient longtemps occupée. Entraînés par ces derniers en Égypte, en Assyrie, en Italie, en Sardaigne, partout, les Grecs travaillèrent avec une ardeur incessante à évincer leurs anciens maîtres, à s'emparer de leur commerce, à substituer à leur industrie une industrie plus perfectionnée, en un mot, à user de la force qu'ils avaient acquise contre ceux qui la leur avaient communiquée. La lutte fut longue, glorieuse, remplie de péripéties diverses. On sait comment elle finit. Quand Tyr tomba sous les coups d'Alexandre, on put dire que la Phénicie était écrasée par son élève, que la Grèce lui avait donné le coup de mort. Cependant tout n'était pas encore fini. Avant de succomber sous les efforts des Grecs, Tyr avait vu une de ses colonies purement chananénne, Carthage, lui arracher le commerce de la Méditerranée occidentale. Dans ce nouveau bassin, le combat reprit sous une forme différente et passa des Grecs aux Romains. Quel tableau ne pourrait-on pas tracer de cette éclatante revanche du monde hellénique et italiote contre les Phéniciens ! Les crimes des premiers pirates, qui enlevaient des captives sur les côtes de la Grèce et qui amenaient en Orient des indigènes asservis, furent cruellement vengés. « Qui pourrait dire, s'écrie M. E. Curtius, combien de bandes aventureuses ont lutté sans succès et ont péri sans laisser leur nom à l'histoire ! » Dans cet immense et continuel conflit, chaque jour amenait, en effet, de nouvelles crises. Ce n'est qu'au prix de beaucoup de sang que les Phéniciens périrent enfin, mais leur nom a survécu à leur désastre.

Le malheur de la Phénicie fut d'être trop petite pour les entreprises démesurées dans lesquelles elle s'était lancée. Il lui aurait fallu d'innombrables armées pour défendre tous les points militaires qu'elle avait occupés et contenir toutes les colonies qu'elle avait fondées. Ces armées, elle ne les avait pas. Sa marine était admirable ; mais quand elle dut être dispersée sur tous les points de la Méditerranée où un ennemi apparaissait, quoique bien nombreuse, elle perdit sa force en se divisant à l'infini. L'œuvre de la colonisation avait été accomplie à l'origine par une sorte d'aristocratie habile à concevoir de grands desseins et persévérante à les exécuter; mais un jour vint où cette aristocratie fut battue en brèche par une démocratie active, passionnée, uniquement préoccupée d'obtenir sa part de richesse et de pouvoir. Dans les villes industrielles, comme les villes phéniciennes, une population ouvrière se forme fatalement; on la favorise parce qu'on a besoin d'elle ; mais quand elle s'est développée et a pris le sentiment de sa puissance, il n'est plus possible de la dominer. Des ambitieux se présentent pour la conduire à l'assaut du pouvoir. De là des révolutions qui, épuisant à l'intérieur l'énergie nationale, arrêtent vite l'essor de la colonisation extérieure. On connaît l'histoire des luttes violentes entre l'aristocratie des marchands et des bourgeois de Tyr et la classe ouvrière. Ces luttes furent la principale cause de la ruine de la ville. Il s'en produisit de semblables dans presque toutes les cités phéniciennes. Ainsi la Phénicie a péri par la révolte de ses colonies, par l'extension trop grande de sa puissance, qui ne lui a plus permis de disposer des forces nécessaires contre des adversaires qui l'attaquaient de tous côtés à la fois, enfin par les révolutions intérieures, où son aristocratie a perdu la direction des affaires, livrée à l'inconstance de la foule. Je ne sais si je me trompe, mais il me semble que l'Angleterre succombera aux mêmes causes de destruction dans un avenir heureusement éloigné, mais cependant inévitable. L'exemple des États-Unis, qui professent contre elle une hostilité si peu déguisée, sera suivi par les colonies qu'elle a semées dans toutes les parties du globe et qui lui échapperont sans doute une à une quand elles seront arrivées à un degré de civilisation suffisant pour assurer leur indépendance. Comment l'Angleterre leur résisterait-elle ? Elle n'a pas plus d'armée que la Phénicie ; elle est, comme celle-ci, un grand peuple industriel et maritime auquel il manque des troupes capables de soutenir les entreprises de son génie commercial. Quel que soit le nombre de ses vaisseaux, ils ne sauraient couvrir en même temps toutes les mers ; or, il n'y a pas une mer où l'Angleterre n'ait élevé un comptoir et jeté une colonie. Enfin l'expansion de l'Angleterre au dehors est l'œuvre d'une aristocratie qui n'a point eu d'égale en Europe pour le génie politique, mais qui semble décliner aujourd'hui sous l'effort d'une bourgeoisie jalouse de ses privilèges, et d'associations ouvrières affamées de satisfactions matérielles. Certes l'heure où l'Angleterre tombera n'est pas près de sonner, mais comment se défendre de chercher dans le passé l'image probable de l'avenir? Ce n'est point insulter l'Angleterre que de la comparer au peuple qui a inventé la marine, créé le commerce, inauguré l'industrie et donné l'essor à la Grèce;

c'est montrer, au contraire, l'importance du rôle qu'elle joue dans le monde moderne. Les nations, comme les individus, ne peuvent échapper à la mort : heureuses celles qui laissent en disparaissant des successeurs plus grands qu'elles, mais qui, sans elles, n'auraient jamais été !

C'est peut-être le souvenir de Midhat Pacha et des visées ambitieuses de lord Beaconsfield sur la Syrie qui, traversant mes réflexions historiques, m'a transporté de la Phénicie en Angleterre. Un voyageur ne fait pas des raisonnements suivis ; il se livre à ses impressions et il les livre au lecteur telles qu'elles lui sont venues. Si celles qui précèdent sont un peu longues et un peu décousues, qu'on me le pardonne ! Le vide des soirées est assez grand à Saïda pour permettre de repasser dans son esprit toute l'histoire ancienne, avant que le sommeil survienne et emporte Grecs, Phéniciens et Anglais dans des rêves de plus en plus confus qui s'effacent lentement.

BEYROUTH

De toutes les villes de Syrie, aucune n'a été aussi souvent décrite que Beyrouth. C'est dans son port qu'on débarque d'ordinaire quand on vient directement d'Europe. Il serait difficile de mieux commencer un voyage. Lorsqu'on arrive par Saïda, on n'a point une impression aussi vive que celle dont on ne saurait se défendre du large à la vue de l'admirable golfe de Beyrouth, un des plus beaux de la Méditerranée. Néanmoins la route est charmante, et remplie de détails intéressants. Au sortir de Saïda, on longe d'abord la mer de si près que les chevaux marchent dans l'eau, pour éviter d'enfoncer dans le sable mouvant de la plage qu'on est bien obligé de suivre, car il n'y a pas d'autre chemin. Je suis las de dire que des parfums d'orangers accompagnent cette course matinale; pourtant les jardins de Saïda sont les plus riches et les plus renommés après ceux de Jaffa. On atteint bientôt le Nahr el-Auëli, l'ancien Bostrenius, qui arrose et fertilise ces jardins. On doit trouver plus loin le Nahr ed-Damour, l'ancien Tamyras, que l'on passe généralement à gué, de peur d'être exposé à quelque accident sur le pont d'une solidité douteuse, qu'un haut fonctionnaire turc y a fait construire. On n'est guère plus en sûreté sur la route où l'on s'engage après avoir franchi le fleuve, bien qu'elle ait été réparée une première fois en 1860 par l'armée française, et une seconde fois, deux ans après, par les marins anglais. L'incurie ottomane n'a pas tardé à compromettre l'œuvre de la France et de l'Angleterre, il n'en reste plus de trace aujourd'hui. Hélas! ce n'est pas seulement sur la route de Beyrouth que la France et l'Angleterre ont perdu leur temps et leurs peines!

Presque partout en Orient elles ont commencé, tantôt en commun, tantôt séparément, de grandes entreprises qui auraient pu arracher cette malheureuse contrée à la barbarie, mais leur jalousie mutuelle ne leur a jamais permis d'en mener quelqu'une à bonne fin. Il paraît que la politique le veut ainsi. Triste politique! Qu'on permette à un voyageur qui a risqué vingt fois de se casser le col sur la route de Beyrouth, de déplorer cette prétendue nécessité, en vertu de laquelle les pays les plus fertiles de la Méditerranée sont condamnés à rester stériles et inabordables. Quand je dis inabordables, je ne prends pas le mot, bien entendu, au pied de la lettre. S'il est impossible d'aller commodément à Beyrouth, si l'on est forcé, pour s'y rendre, de traverser des rochers escarpés et de suivre des sentiers à peine tracés, la campagne environnante console de la peine que l'on prend. Dès qu'on a passé le Nahr ed-Damour, on entre dans la région des mûriers. La plaine en est couverte, et l'on s'avance au milieu des bois, perdu dans la verdure et dans la fraîcheur. De temps en temps apparaissent, à travers les branches, les petites huttes où les vers à soie accomplissent leurs transformations; un Arabe pittoresque en sort pour vous regarder passer; une belle fille au costume brillant se cache derrière un arbre; un rayon de soleil vient animer l'ombre qui vous environne. Cela dure ainsi jusqu'à ce qu'on retrouve la plage. Alors le spectacle change sans cesser d'être séduisant. A une grande distance devant soi, une longue falaise rouge, toute rayonnante de lumière, s'avance dans la mer : c'est Beyrouth! On n'y est point encore; mais si l'on veut se distraire de la longueur du chemin, on peut s'arrêter à Nebi-Younèze, village où M. de Saulcy voit l'ancien Porphirion et où la tradition, de son côté, place le théâtre d'un des plus fameux miracles de la Bible. C'est là, dit-on, que la baleine consentit à rendre Jonas à la terre, après lui avoir fait faire un voyage plein d'émotions. Il existe, à la vérité, sur la côte de Syrie deux ou trois autres points qui passent également pour avoir vu aborder Jonas après son étrange traversée. Chacun a le choix. Quant à moi, l'idée de Jonas ayant réveillé dans mon esprit, par une association fort naturelle, celle du déjeuner, je confesse que je ne me suis point arrêté à Nebi-Younèze ; j'ai gagné au plus vite Khan el-Khâldah, station médiocrement confortable, où l'on peut néanmoins faire cuire quelques aliments et trouver quelque repos sous les arceaux d'une construction délabrée, tout en écoutant la mer déferler à ses pieds, et en regardant le soleil embraser à l'horizon la silhouette de Beyrouth.

A partir de Khan el-Khâldah, la beauté du pays augmente sans cesse. Je n'en connais pas qui réponde mieux à l'idée que nous nous faisons de l'Orient. C'est le seul endroit où je l'ai trouvé aussi violemment coloré qu'on se plaît à l'imaginer de loin, lorsqu'on en rêve dans les brumes de l'Occident. Cela tient surtout à la nature du terrain : les sables sur lesquels on marche, la plaine qui les suit, les montagnes qui terminent le paysage ont une teinte rougeâtre d'une vigueur étonnante. Tous les tons prennent une intensité prodigieuse sur ce fond presque sanguinolent. Le bleu de la mer, la verdure des bois, les mille nuances des jardins, qui s'atténuent partout ailleurs sous la diffusion de la lumière, gardent ici toute leur valeur. On se sent transporté dans un pays nouveau. La Palestine est trop desséchée, la Galiléine trop douce, la Phénicie trop nue, pour qu'on y reconnaisse le genre d'attrait qu'on attribue d'habitude aux régions orientales. Ici à Beyrouth, au contraire, les colorations ont l'énergie et la variété dont les peintres ont tant abusé. C'est un feu d'artifice lumineux, capable de défier les pinceaux les plus hardis. On sait que ces sables rouges qui entourent Beyrouth, s'avancent graduellement vers la ville qu'ils menacent d'engloutir. Pour prévenir ce danger, déjà grave de son temps, le célèbre et romanesque Fakr-el-Dîn a fait planter de grands bois de pins, toujours accrus, depuis lui, de plantations nouvelles. Les pins ne vivent que là où commencent les oliviers, qui s'étendent à perte de vue dans la plaine et sur les premiers plans des montagnes. Les villages, druses et chrétiens, dont les premiers plans sont remplis, contrastent heureusement avec les pauvres villages de la Palestine. On s'aperçoit tout de suite qu'on est dans une contrée où le despotisme turc est tempéré par une demi-liberté. La vie déborde de ces hauteurs pittoresques, chargées de maisons et de cultures ; on dirait un coin de l'ancienne Phénicie ; mais l'on reconnaît la Syrie actuelle lorsqu'on pénètre dans les rues de Beyrouth. Voilà bien la ville moderne, telle que le goût oriental l'a faite, avec ses constructions bizarres, son mélange perpétuel d'élégance criarde et de pauvreté naïve, ses fantaisies européennes et ses souvenirs asiatiques, ses combinaisons imprévues de tous les genres, de tous les styles, de toutes les modes, et, malgré ces affreux disparates, avec son charme persistant et son indestructible attrait !

Assurément, la première vue de Beyrouth fait éprouver quelque déception au voyageur dont la mémoire est nourrie des descriptions d'autrefois. Je ne parle même pas de celles dont l'exagération est évidente et où l'on ne doit chercher que des exercices poétiques. Mais en laissant de côté Lamartine et ses imitateurs, un trop grand nombre de voyageurs nous ont donné de Beyrouth des descriptions analogues, pour qu'on soit porté à douter de la fidélité de leurs témoignages. Nulle part, à les en croire, l'Orient ne se serait conservé plus intact que dans cette charmante ville, tout en s'ouvrant presque sans réserve à l'Occident. Nulle part, on ne se trouverait transporté dans un monde plus différent du nôtre, et plus semblable à celui que nous entrevoyons dans nos songes. Nulle part, on ne rencontrerait un lieu plus favorable à la rêverie, à l'oubli de la réalité, un asile plus approprié à la souffrance morale et au dégoût de la terre. Au pied des montagnes du Liban, dont les horizons lointains, émaillés çà et là de blanc par les nombreux villages chrétiens et druses et par les couvents qui s'élèvent presque sur chaque hauteur, forment un fond de tableau brillant, une étrange cité, entourée de murs crénelés, remplie de vieux châteaux, de manoirs percés d'ogives, de légers minarets, de tours fantastiques, surgirait de la campagne verte et rouge, comme une sorte d'évocation féodale, à l'image des miniatures des manuscrits chevaleresques du moyen âge. Pour que la ressemblance soit parfaite, les fondements de ses antiques fortifications baignent, disent nos voyageurs, dans une mer d'un bleu transparent, sur laquelle on voit se presser des vaisseaux francs aux larges voiles, des caïques arabes, des tartanes et des chaloupes, tandis que sur les quais du port grouille une foule bigarrée vêtue d'immenses turbans, de robes éclatantes, de loques invraisemblables, de toutes les splendeurs et de toutes les guenilles des toilettes orientales.

En face d'un pareil spectacle, on pourrait se croire transporté bien loin en arrière, dans ce milieu des romans et des légendes où il est si doux de perdre le sentiment du vrai, et où l'esprit peut encore se plaire lorsque le cœur est fermé à toutes les émotions. Beyrouth aurait donc la physionomie d'une ville arabe de l'époque des croisades ; c'est à peine si quelques kiosques turcs en bois peints à la mode de Constantinople et quelques mâts plus ou moins pavoisés de maisons consulaires, troublent de loin en loin l'harmonie de ce délicieux tableau du passé.

Aujourd'hui la transformation est complète; le présent a mis partout son cachet. Les vieux murs sont tombés pour permettre à Beyrouth de s'étendre au loin et de se donner l'air d'une grande ville; il n'y a plus de créneaux, plus de tours, plus d'ogives, presque plus de minarets; les navires à voiles ont fait place à de lourds bateaux à vapeur; le port s'est élargi; des milliers de constructions modernes se sont dressées dans tous les sens; le moyen âge a complètement disparu, et c'est en vain que la rêverie chercherait un coin d'ombre et de fraîcheur, dans cet amas informe de bâtiments, qui rappelle Alexandrie et l'union toujours bâtarde du goût oriental avec les nécessités européennes. Ce ne sont pas les indigènes qu'il faut accuser de ces changements malencontreux. Leurs maisons ont conservé un caractère très original; à défaut d'élégance, elles ont un luxe rococo qui divertit le regard. Mais les immenses casernes turques et les énormes établissements religieux des diverses missions chrétiennes enlèvent à Beyrouth le charme délicat d'autrefois. Pris en eux-mêmes, ces établissements ne sont pas laids : le couvent des dames de Nazareth qui domine la ville, le collège des jésuites qui semble la remplir, l'université américaine qui s'étend sur tout un côté de la plage, font honneur au zèle et à la richesse de ceux auxquels on les doit. Par malheur, ces grands édifices, d'un style moitié gothique, moitié moderne, si magnifiques qu'ils puissent être, sont dépourvus de la grâce légère de l'architecture arabe qui convenait si bien à l'Orient, et que les artistes, à défaut des amis du progrès, ne peuvent s'empêcher de regretter amèrement.

Aujourd'hui la plage de Beyrouth est remplie d'hôtels très confortables, sans contredit beaucoup plus utiles que les vieilles murailles disparues. On trouve dans la ville de belles églises catholiques et protestantes, des écoles, des hôpitaux, de larges rues, des places très grandes, de longs boulevards; les bazars, qui n'ont presque plus rien d'oriental et qui ne rappellent que de fort loin ceux du Caire et de Constantinople, regorgent de marchandises; partout apparaissent la vie, l'activité, le mouvement. Beyrouth est, pour l'observateur politique, un des points les plus curieux de l'Orient. Mais pour l'amateur de sites pittoresques, pour le voyageur en quête d'émotions, elle n'a plus qu'un intérêt fort diminué. Heureusement les types humains et les mœurs locales ne se sont point encore trop profondément modifiés au contact de l'Europe. En se promenant dans les rues modernes de Beyrouth, on peut admirer les costumes variés et fantasques des Arabes, la noble prestance des Druses enveloppés dans leur *abase* comme dans une draperie antique, la belle allure des cheiks damasquins, la démarche fière et les haillons splendides des Bédouins, le cortège des émirs de la montagne, les robes multicolores des clergés de toutes les communautés, les larges pantalons et les élégants turbans des citadins, en un mot ce mélange de vêtements, de populations, de races, de conditions, de physionomies et de couleurs, qu'on retrouve presque partout en Orient, mais nulle part peut-être aussi abondamment qu'en Syrie. A la devanture des cafés, une foule bigarrée, oisifs, gens du peuple, chameliers, bourgeois, marchands, simples badauds, fument le narghileh ou mangent de la salade avec la gravité charmante que les Orientaux mettent aux choses les plus simples de la vie. Mais si l'on veut voir la société de Beyrouth dans toute sa parure, il faut aller se promener sur la route de Damas, les Champs-Élysées et le bois de Boulogne de la ville, un dimanche ou un jour de fête. Le gouverneur actuel du Liban, Rustem Pacha, a fait planter à quelque distance de cette route un petit jardin anglais, rendez-vous des élégants des deux sexes. Ce jardin miniature, où l'on arrivait autrefois en traversant la rivière de Beyrouth sur un pont monumental qui, naturellement, a été emporté quelques mois après sa construction par la première inondation, et où l'on arrive aujourd'hui sur une simple passerelle en bois, est merveilleusement situé. La milice du Liban y exécute une musique à déchirer les oreilles les moins délicates, tandis que le pacha, assis sous un kiosque en faux bois, en face d'un massif de géraniums ou de pétunias, débite des compliments aux belles dames de la ville, auprès de chacune desquelles il montre une galanterie des plus empressées: c'est sa manière de prouver qu'il a des mœurs chrétiennes et qu'il mérite de gouverner le Liban. Mais ce qui est beaucoup plus intéressant que cette musique et ce spectacle, ce sont des groupes de femmes syriennes ensevelies dans leurs longues robes aux tons éclatants, que l'on aperçoit çà et là dans la campagne, parmi la verdure et les fleurs. Elles ont apporté leur narghileh, quelques fruits, quelques légumes, ce qui leur permet de passer toute la journée à la même place, uniquement occupées à voir passer le monde et à être vues des passants. De Beyrouth au jardin de Rustem Pacha, la route est continuellement intéressante. Elle traverse d'abord un faubourg moderne rempli de maisons blanches aux volets à demi fermés, que tapissent des feuillages et des plantes grimpantes. Au milieu de cette verdure, quelques têtes curieuses suivent du regard les voitures et les cavaliers. Puis, la route gagne la grande plaine qui s'étend jusqu'au pied des montagnes. Cette plaine est sans contredit une des plus belles du monde. Les bois de pins, les forêts d'oliviers, les haies de nopals qui la couvrent, lui donnent l'aspect d'une mer de verdure sur laquelle se dressent de loin en loin les tiges hardies des palmiers comme des mâts de navires. Au loin, les immenses falaises des montagnes ont une grandeur de lignes, une souplesse de formes, une puissance de colorations dont il est impossible, même si l'on est habitué à toutes les splendeurs de l'Orient, de n'être point frappé. Lorsqu'on est fatigué du jardin de Rustem Pacha, ce qui arrive assez vite, on va s'asseoir dans un des petits cafés qui dominent la route, et tout en mangeant des pistaches, en dévorant de la laitue arrosée de raki, en fumant un narghileh, on contemple le défilé des promeneurs. Les cavaliers font de la haute école auprès des voitures, puis ils s'arrêtent dans une des clairières du bois de sapin pour exécuter une de ces fantasias arabes dont on ne se lasse jamais : ils partent à bride abattue, jettent au loin un long bâton qui simule une lance, s'arrêtent brusquement, se précipitent les uns sur les autres avec une hardiesse et une grâce étonnantes ; enfin, au moment de se rejoindre, ils font volte-face et filent dans une direction opposée avec la rapidité de l'éclair. Quant aux voitures, on y voit briller toutes les beautés de Beyrouth, dans des toilettes soi-disant européennes qui choquent d'abord beaucoup, mais dont la naïveté finit quelquefois par divertir. Les chrétiennes sont mises à ce qu'elles croient être la dernière mode de Paris. Quoique les musulmanes cherchent à les imiter, elles ont conservé du moins le voile sous lequel les imaginations non désabusées peuvent encore rêver des charmes mystérieux. Mais si agréables que soient ces tableaux de genre, ils sont écrasés par le cadre qui les entoure. Dès que le soir arrive, dès que les rayons du soleil couchant viennent allumer les montagnes de l'horizon et couvrir la plaine d'une gaze dorée, on ne distingue plus les détails pittoresques de la vie humaine, tant on est ébloui par le merveilleux spectacle de ces masses sublimes de grandeur et délicieuses d'élégance, inondées de lueurs dont rien ne saurait rendre l'éclat. Elles passent successivement des tons les plus vigoureux aux tons les plus doux, du rouge vif au violet léger, du rose ardent au bleu pâle, jusqu'à ce qu'elles dressent enfin leurs cimes sombres sur le ciel. Celui-ci s'illumine à son tour des couleurs qui les éclairaient tout à l'heure, et les enveloppe lentement d'une obscurité transparente qu'on prendrait encore pour de la lumière.

Quelques transformations que la ville ait subies, quelques transformations qu'elle puisse subir encore, Beyrouth ne perdra jamais le charme de la nature qui l'entoure. Je ne veux pas, après tant d'autres, essayer de décrire sa rade, ce n'est point une phrase banale de dire qu'elle défie toutes les descriptions. Je l'ai vue bien souvent et de mille manières. Il suffit de monter sur la terrasse d'un hôtel ou d'une maison quelconque, il suffit même de se mettre à un balcon ou à une fenêtre, à la condition qu'ils soient bien placés, pour apercevoir la courbe rougeâtre du golfe se dessinant sur le bleu des flots; puis, un peu au delà, les jardins verts des collines parsemés de points brillants; puis encore, en s'élevant lentement, les divers étages de la montagne dont les teintes se fondent harmonieusement, jusqu'à ce que les blancs sommets du Sanin, couverts d'une neige étincelante, se dressent au-dessus de ces hauteurs successives comme une tente gigantesque au milieu d'un camp. Mais c'est surtout de la pleine mer que ce tableau présente une beauté achevée, parce qu'on en saisit mieux l'ensemble sans en perdre néanmoins aucun détail important. Je me souviendrai toujours de l'impression qu'il m'a produite lorsque j'ai quitté Beyrouth en droite ligne pour me rendre à Chypre. J'ai pu le contempler longtemps, car le vaisseau n'allait pas vite et l'air était d'une limpidité parfaite. Au bout d'une heure de marche il m'apparaissait encore, quoique dans une sorte de pénombre dorée qui en affaiblissait les tons et en estompait les contours. Ce qui donne au golfe de Beyrouth, du moins au mois de mai, dans la saison où je l'ai vu, une séduction particulière, c'est ce mélange de toutes les splendeurs de l'Orient avec tous les charmes de l'Occident. Les lignes des montagnes et de la côte sont presque aussi fines et presque aussi molles que celles du golfe de Naples; mais la couleur vaut le dessin. Un proverbe arabe affirme que le Sanin a l'hiver sur sa tête, le printemps à sa ceinture et l'été à ses pieds. Cette image poétique est d'une grande exactitude matérielle. Non seulement les sommets de la montagne sont revêtus de neige, comme dans les Pyrénées ou les Alpes, mais la végétation des pentes qui se rapprochent de la plaine et des collines qui la dominent, malgré sa puissance, conserve aussi un caractère tout à fait occidental. Les jardins, les champs, les bois, arrosés de nombreux ruisseaux, ressemblent aux nôtres; ils ont la fraîcheur et les teintes adoucies de nos contrées.

La plaine, au contraire, est absolument orientale. La coloration vigoureuse de la terre rouge et la verdure intense des mûriers y sont encore relevées par toutes les ressources de la plus féconde nature. Le ciel qui s'étend au-dessus du paysage, et la lumière qui l'emplit ajoutent à l'effet presque magique de cette merveilleuse combinaison des beautés propres aux climats les plus divers et aux régions les plus opposées.

Et, si admirable que soit le panorama général de Beyrouth, on peut le quitter sans craindre d'éprouver un contraste pénible, pour parcourir toutes les parties, tous les recoins, tous les détails de la campagne. De quelque côté qu'on aille et à quelque endroit qu'on s'arrête, on est sûr de rencontrer un site majestueux ou charmant. Une des premières promenades que j'ai faites m'a conduit au village de Caferchima, dont le nom en langue syrienne signifie ville d'argent. Le mot est peut-être un peu ambitieux; mais là encore la poésie arabe n'a pas trop dépassé la réalité. Caferchima est situé sur une des premières collines que l'on rencontre en venant du côté de la mer, colline qui s'élève au-dessus d'une immense forêt d'oliviers. Les Syriens sont persuadés, ils enseignent même, m'a-t-on dit, dans leurs écoles, que cette forêt d'oliviers n'a sa pareille sur aucun point du globe. En cela ils se trompent; mais ils n'ont pas tort de la regarder comme une des plus vastes et des plus belles qui existent; ils n'ont pas tort non plus d'admirer les villages qui la surmontent. Ils peuvent être également fiers du pays et des habitants, car une population active, courageuse, intelligente, à laquelle il faudrait bien peu de chose pour retrouver les qualités des Phéniciens et des Grecs, se presse dans les nombreuses maisons qu'on voit émerger partout du feuillage. J'étais conduit à Caferchima par un jeune Syrien dont j'avais fait la connaissance en Syrie et qui était venu me rejoindre à Beyrouth pour me faire les honneurs de sa terre natale. Il avait tenu à me montrer d'abord le village où s'était déroulée son enfance. M. Béchara Takla s'est fait, par son intelligence et son travail, une situation en Égypte, où il a fondé, avec son frère, le premier journal arabe qui ait paru à Alexandrie, *les Pyramides*. Dévoué à la France, il lui a rendu de réels services, et, depuis que je le connais, j'ai eu pour lui et il a eu pour moi une amitié qui ne s'est jamais démentie, ni de sa part ni de la mienne. Je lui devais donc bien d'aller visiter avec lui le village où il était né. Ce n'est pas sans émotion qu'il retrouvait partout des souvenirs de son passé et qu'il m'en racontait les scènes principales. La plus ancienne qu'il se rappelait, c'était le fameux massacre de 1860 qui lui avait laissé, bien entendu, une impression profonde, mais sans aucune amertume contre les Druses, auxquels il était trop juste pour attribuer l'initiative de crimes dont ils n'ont été que les agents. Il avait fallu fuir Caferchima, où l'on tuait comme partout. J'avais peine à me figurer qu'un aussi gracieux village, qu'un paysage aussi tranquille eussent servi de théâtre à de si cruelles catastrophes. Mais M. Béchara Tacla se souvenait très bien des scènes d'horreur que l'arrivée des soldats français avait seule complètement terminées. Cette première impression d'enfance n'était pas restée moins ineffaçablement gravée dans son cœur que dans sa mémoire. C'est de là que dataient sa reconnaissance et son amour pour la France. Quant à moi, en face de Caferchima, j'ai vite oublié les massacres de 1860 pour songer à la poésie arabe qui, de nos jours, a fleuri, paraît-il, dans ce village plus que sur aucun autre point de la Syrie. C'est là que sont nés différents poètes d'un rare mérite, entre lesquels a brillé d'un éclat incomparable le cheik Nanssif-Yaziji. Hélas ! j'en parle sur parole, car je sais trop peu l'arabe pour qu'un rayon de cet astre poétique soit venu jusqu'à moi. J'ai entendu beaucoup louer, beaucoup citer et quelque peu traduire la poésie du cheik Nanssif-Yaziji. Elle m'a paru consister surtout en sentences, maximes et aphorismes moraux, du genre des proverbes antiques si chers à tous les peuples orientaux. Le cheik Nanssif était un excellent moraliste; je ne suis pas surpris que ses œuvres aient le plus grand succès dans les écoles, où on les donne à la fois comme des modèles de langue et des leçons de conduite. Mais, l'avouerai-je? sous les jolis ombrages de Caferchima, j'avais quelque peine à m'enfoncer dans les arcanes de la morale. A toute la sagesse de Salomon en ses heures de philosophie doctrinale, j'aurais préféré la folie charmante qu'en des heures moins austères une nature semblable à celle que j'avais sous les yeux lui a quelquefois inspirée.

Mais je m'égare aux environs de Beyrouth, sans avoir parlé de ce qui est surtout intéressant dans la ville elle-même, c'est-à-dire de la population. A part les membres des congrégations religieuses, les Européens y sont en assez petit nombre, et, sous ce rapport, il n'y a heureusement pas de comparaison possible entre Beyrouth et Alexandrie. Cependant, je me reprocherais de ne pas payer mon tribut de reconnaissance, comme tous les voyageurs qui m'ont précédé et suivi, à deux hommes dont notre pays a le droit de s'honorer, M. de Perthuis et M. Péretié. M. de Perthuis est le directeur de la compagnie qui a créé et qui exploite la route de Beyrouth à Damas. Cette route est la seule digne de ce nom dans tout l'empire ottoman ; partout ailleurs, on ne rencontre que d'épouvantables sentiers. Elle vaut les meilleures routes d'Europe, et les services qu'elle a rendus à la contrée sont inappréciables. M. de Perthuis connaît admirablement les Orientaux ; il sait de quelle manière il faut les manier. Son administration est une administration modèle. La façon dont elle est organisée et dont elle fonctionne prouve une fois de plus que, si les Arabes sont jusqu'à présent incapables de diriger une grande entreprise, s'ils n'ont pas les qualités du commandement et du gouvernement, on peut rencontrer en eux des auxiliaires qui ne laissent rien à désirer, non seulement sous le rapport de l'intelligence, mais encore sous le rapport de la probité. Il existe deux administrations européennes à Beyrouth : l'administration des eaux, qui est anglaise et qui n'est composée que d'Anglais ; l'administration de la route de Damas, qui est française et dont tous les employés, sauf les chefs de service, sont indigènes. M. de Perthuis est d'avis qu'il n'y a pas de gens plus faciles à mener que les Arabes, parce qu'ils ont un grand respect pour l'autorité, et que les questions d'intérêt jouent presque toujours pour eux le rôle principal. Pourvu qu'on mette leur intérêt du côté de leur devoir, on peut être absolument sûr qu'ils ne manqueront jamais à ce dernier. L'improbité administrative des agents turcs à Beyrouth est la même que dans toutes les autres villes de l'empire ottoman. Aucun d'eux ne recevant un traitement régulier, la fraude est leur seul moyen de vivre. J'ai étudié d'assez près le fonctionnement de la douane. Il est de règle générale que tout négociant qui reçoit des marchandises à Beyrouth ne déclare que la moitié de leur valeur ; il partage l'autre moitié avec les douaniers. Cette règle générale ne souffre d'exception que dans le cas, assez fréquent d'ailleurs, où le prix total des marchandises est extorqué par les douaniers. Les employés de la route de Damas n'ont même pas l'idée de suivre de pareils exemples. Comme ils touchent des appointements très rémunérateurs et qu'ils les touchent toujours à date fixe, ils n'ont pas besoin d'employer pour vivre des moyens illicites. S'ils tentaient par hasard de le faire, ils n'ignorent pas qu'ils seraient immédiatement chassés. Ils sont responsables du matériel qui leur est confié; aussi est-on tout surpris de rencontrer sur la route de Damas des voitures, des harnais, des objets de toutes sortes que les Arabes entretiennent admirablement. Quand on les voit partout ailleurs faire preuve d'une négligence qui dépasse tout ce qu'on peut imaginer, on a peine à comprendre comment on est parvenu à les rendre aussi soigneux. L'Arabe a beau aimer par-dessus tout son cheval, jamais il ne lui donnera une selle en bon état, une bride qui ne soit composée de plusieurs morceaux de cuir et de ficelles rattachés à la diable. Instruments aratoires, outils, ustensiles de ménage, tout est chez lui délabré, dépareillé, à moitié détruit. Mais M. de Perthuis a si bien combattu ce naturel nonchalant, qu'il serait impossible de trouver en Europe de meilleurs employés et de plus minutieux ouvriers que les siens. Et il n'est pas le seul qui ait donné en Orient de pareils exemples !. Les Européens n'en restent pas moins persuadés que les Arabes ne sont bons qu'à être brutalisés, et qu'on ne pourra jamais les gouverner qu'avec des coups, préjugé déplorable qui existe par malheur aussi bien en Algérie qu'en Égypte et en Syrie.

M. Pérelié, le second Français dont je voulais parler, est le beau-père de M. de Perthuis; il a bien souvent géré le consulat de France dont il est drogman honoraire. Tous les savants, tous les archéologues, tous les collectionneurs le connaissent. Admirablement placé pour recueillir de précieuses antiquités, il en a réuni un grand nombre, avec la passion d'un amateur et le discernement d'un homme de goût. Sa maison est un musée véritable. La bonne grâce avec laquelle il en fait les honneurs ajoute encore au plaisir que l'on trouve à contempler ses cuivres persans à légendes coufiques, ses bronzes égyptiens, ses terres cuites phéniciennes, ses faïences mauresques aux armes des princes croisés, ses délicieuses statuettes antiques, ses médailles sélénides, ses bas-reliefs palmyriens, ses amulettes gnostiques aux mystérieux symboles, ses monnaies, ses monuments de toutes sortes des vieilles civilisations orientales. Ah! quel beau musée on pourrait faire en Syrie! Peut-être un jour viendra-t-il où cette terre féconde, d'où sont sorties tant de merveilles et où gisent tant de débris, sera fouillée avec une méthode intelligente comme l'est en ce moment l'Égypte. Mais nous sommes bien loin de cet avenir. La Palestine, la Phénicie, la Damascène, toutes les contrées araméennes et sémitiques offriront longtemps encore à l'étude de terribles difficultés, et ne pourront être traversées que par des missions passagères, trop courtes pour éveiller les soupçons des Turcs ou pour allumer leur cupidité.

En attendant d'avoir des savants, Beyrouth s'efforce de se créer une société à l'imitation de celles de l'Europe. Comme elle a beaucoup moins de modèles que certaines autres villes d'Orient, les Européens n'y étant pas nombreux, c'est sur ce qu'elle s'imagine de l'Europe, plutôt que sur ce qu'elle en voit, qu'elle cherche à se former. Aussi conserve-t-elle une originalité qu'on ne retrouve plus ailleurs. Le faux luxe occidental s'étale avec une adorable naïveté dans ses maisons, dans les toilettes de ses femmes, partout. Quand on pénètre dans un salon éblouissant de dorures, avec un parquet ciré où l'on risque de glisser et de tomber, on est frappé de rencontrer, sur la table qui en occupe le centre, des coupes en albâtre remplies de fruits en carton-pierre. Des lustres aux mille couleurs, des glaces gigantesques qui garnissent tout un panneau d'appartement, des fauteuils recouverts d'étoffes éblouissantes, sont appareillés à des fleurs artificielles placées sous des globes et à des chandeliers en cristal revêtus de bobèches en laine tricotée. Tout cela n'a-t-il pas l'harmonie particulière de cet Orient du Palais-Royal et des opérettes d'Offenbach, qui ressemble beaucoup plus qu'on ne le croit généralement à l'Orient véritable? J'ai passé des heures fort amusantes à contempler ce bric-à-brac oriental, dans diverses maisons où j'étais reçu avec la plus gracieuse hospitalité. Dieu me préserve de blesser les hôtes qui m'ont si bien accueilli! Les Syriens sont les gens les plus aimables de la terre; mais ils ont le défaut des peuples jeunes, ils prennent tout au sérieux. Une plaisanterie ne leur paraît jamais innocente. Lorsqu'on cite un détail piquant de leurs mœurs, ils sont portés à croire qu'on attaque leur honneur et qu'on diffame leur vertu. Les mille nuances de l'ironie sont insaisissables pour eux. Si on ne les loue pas sans réserve, on est leur ennemi ; si on sourit à certains traits de leur caractère, à certains usages de leur vie, ils se persuadent qu'on les insulte. Il n'y a que les peuples avancés qui sachent supporter la plaisanterie, et encore le savent-ils bien peu. Je me suis souvent demandé comment il se faisait que les Français, si populaires en Orient comme peuple, l'étaient en général fort peu comme individus. Cela provient sans doute de ce qu'aucun d'eux ne saurait s'empêcher, au moins une fois en passant, de laisser échapper quelque raillerie sans importance, mais qui, n'étant pas comprise à sa valeur par ceux qui l'entendent, devient pour eux un véritable outrage. La gravité orientale s'effarouche du badinage le plus inoffensif. J'en ai fait personnellement la cruelle expérience, et, comme j'aime beaucoup les Syriens, comme je serais désolé de me brouiller avec eux, je préfère renoncer au plaisir de raconter ce que j'ai vu à Beyrouth que de m'exposer à y contrister qui que ce soit.

Je ne puis pourtant m'empêcher de dire combien je me suis diverti quelquefois, en constatant la passion véritablement étrange des Orientaux pour les boîtes à musique. Cette passion n'est pas particulière aux Syriens ; les fonctionnaires turcs n'en sont pas moins entichés. On ne saurait croire à quel point la boîte à musique fleurit dans tout l'Orient. J'en étais arrivé, pendant mon voyage en Syrie, à ne pas oser m'asseoir sur un fauteuil, à ne toucher aux objets les moins suspects qu'avec précaution, de peur d'entendre aussitôt éclater des mélodies discordantes. Je me souviens encore d'un traître d'album à photographies qu'une aimable jeune fille m'avait passé pour me montrer son portrait. A peine l'avais-je dans les mains que, à ma grande surprise, il en sortit l'air de la célèbre valse : *Si tu veux, tous les deux, nous irons ensemble...!* Si j'ai voulu, cela ne regarde personne... Mais ce que j'ai vu de plus fort dans le genre musical, c'est un dîner chez un haut fonctionnaire qui passe sa vie à se travestir en Parisien. Il y avait là un grand nombre d'autres fonctionnaires et quelques étrangers, parmi lesquels deux journalistes. Aussi notre hôte s'était-il mis en frais de conversations civilisatrices. Pendant toute la durée du repas, il nous a assourdis de questions de chemins vicinaux, les chemins vicinaux étant regardés, je ne sais pourquoi, par les Turcs comme le signe même et l'agent principal du progrès. J'aurais pu me croire à un dîner de préfecture, pendant une session du conseil général. Heureusement la soirée m'a ramené en Orient. En entrant dans le salon, les oreilles encore pleines du bruit des diligences, j'ai entendu retentir les roulades forcenées d'un rossignol.

Je ne savais qu'en penser, lorsque j'ai aperçu à la place d'honneur, sur un guéridon en acajou, une cage dorée dans laquelle un automate d'oiseau grignotait des cerises en verre, tout en poussant au ciel ses notes bruyamment plaintives. La cage et l'oiseau venaient de Paris, ce qui faisait croire à notre hôte qu'on trouvait les pareils dans tous les salons du faubourg Saint-Germain. Mais ce qui dépassait, comme bon ton, le faubourg Saint-Germain lui-même, c'était un violon merveilleux sur lequel on jouait le répertoire d'Offenbach avec un pied de fauteuil en guise d'archet. Je n'oublierai jamais la figure de notre hôte, adoucissant sa physionomie sévère pour demander à une jeune et jolie Française si elle avait jamais entendu jouer du violon avec un pied de fauteuil, et, sur sa réponse négative, s'empressant de lui donner lui-même le spectacle de ce rare phénomène, sans paraître se douter un seul instant du contraste bizarre que présentait son attitude actuelle avec celle qu'il prenait peu auparavant, lorsqu'il nous expliquait son système de régénération de la Turquie au moyen des chemins de grande et de petite communication.

On ne jouit pas tous les jours à Beyrouth de distractions aussi gaies. Il souffle sur cette ville, comme sur toutes celles de Syrie, un vent de fureur religieuse qui finit par en dessécher les plaisirs. Je dirai tout à l'heure ce que l'émulation des diverses communautés chrétiennes a fait pour les progrès de la race syrienne. Mais je veux commencer par le mal, afin d'être plus libre de dire ensuite tout le bien. Un écrivain qui a parlé des catholiques de Syrie avec une grande bienveillance, M. Melchior de Vogüé, a très justement expliqué l'état d'excitation perpétuelle dans lequel l'ardeur des luttes religieuses les entretient.

« Le peuple maronite, dit-il, est de tous les éléments, qui composent la société syrienne, celui qui s'impose tout d'abord à l'étranger par la séduction de ses qualités et même de ses défauts. Ils rappellent par bien des côtés le génie grec, ces Arabes, jouets d'une imagination qui grossit toutes choses, avides de merveilleux, d'histoires et d'aventures prestigieuses, se plaisant aux manifestations théâtrales et aux ovations tumultueuses, crédules à toute parole ardente, faciles à toute apothéose, amoureux de toutes les luttes, surtout de celles des armes, impatients de tout joug et soucieux de changement. Surtout le trait distinctif des Maronites, comme de toutes les races chrétiennes de Syrie et de Palestine, ce qui les sépare des Musulmans et me les fait comparer aux Grecs, c'est une personnalité débordante, une conviction sincère que le monde a les yeux fixés sur leurs moindres faits et gestes, les oreilles tendues à leurs moindres récriminations, et qu'un coup de fusil tiré dans la montagne fait autant de bruit en Europe que le canon de Sébastopol ou de Sadowa. Ils puisent dans une foi naïve l'obstination que la vanité ajoute toujours aux passions humaines chez les peuples comme chez les individus. La force et le danger de ce peuple, c'est que nul instrument n'est mieux adapté à l'action religieuse, dont tout procède en Syrie. On se rendrait difficilement compte, dans notre vieille Europe, où le sentiment religieux tient une place de plus en plus restreinte, de la façon dont il vous saisit et vous pénètre dans cet autre monde moral. C'est l'air ambiant; sous ses formes diverses, il est mêlé à toutes les manifestations de la vie sociale, il résume les aspirations nationales de ces groupes si nombreux et si tranchés qui composent la société orientale, et comme il est la seule forme ostensible de leurs regrets, de leurs impatiences et de leurs ambitions, sa force intrinsèque se double de ces forces redoutables. L'histoire des discussions qui ont ensanglanté la Syrie est assez récente pour que ces considérations puissent se passer de commentaires; on sait quels furent les mobiles de l'explosion de 1860 et de la prise d'armes de 1863; on se rappelle la sauvage et héroïque figure de l'évêque Tobie, menant ses ouailles au combat; après lui, Joseph Karam ne puisa son audace et sa popularité que dans les encouragements d'un clergé qui avait lu, je le crains, les Machabées plus volontiers que l'Évangile. La pacification qui a suivi les déplorables événements de 1860 n'a pu étouffer toutes les étincelles qui couvent dans ce foyer mal assoupi. Les haines et les méfiances veillent encore toutes chaudes : à la cause la plus légère, à la moindre rixe, on sent passer dans la montagne des frissons de colère et de terreur. Il faut voir comme toutes ces têtes ardentes fermentent et flambent. Le voyageur européen qui apporte ici nos idées modérées et rassises se croit tout d'abord dans une maison d'aliénés[1]. »

Tout cela est observé sur place et décrit sans exagération. En dépit de son déguisement moderne, Beyrouth est restée une ville du moyen âge. Les couvents et les églises dominent chacun de ses quartiers, et s'ils n'ont plus l'élégance d'autrefois, c'est qu'ils ont dû y renoncer pour gagner en importance et en étendue. Je ne connais pas de ville, sauf Jérusalem, où l'on se sente plus complètement plongé dans une atmosphère religieuse. Mais Jérusalem a conservé son aspect antique :

---

[1]. *Syrie, Palestine, Mont-Athos, voyages aux pays du passé,* par le vicomte Eugène Melchior de Vogüé, p. 33-34.

c'est une ruine du passé; tandis qu'à Beyrouth la religion se mêle à tous les actes de la vie moderne. Elle n'y domine pas seulement le présent, elle y prépare l'avenir. Toutes les écoles sont confessionnelles; toutes les politiques le sont également. On est d'un parti parce qu'on est d'une religion ou d'une communauté. Personne n'est syrien : les Musulmans sont turcs ; les Chrétiens sont français, autrichiens, italiens ou russes; les Druses sont anglais; les Amaries et les Métualis, qui ne sont protégés par aucune puissance, ne savent quelle est leur patrie, ce qui leur cause un vif regret. Les enfants, entre eux, s'appellent déjà français, anglais, russes ou turcs, suivant qu'ils sont catholiques, druses ou musulmans. Ceux qui appartiennent à des sectes non protégées ou à des communautés peu connues sont regardés comme de véritables parias, ou dépourvus de nationalités. C'est ainsi que les Grecs catholiques, par exemple, dont le nombre, relativement restreint, disparaît devant la personnalité envahissante des Maronites, sont parfois traités avec dédain par les membres des communautés plus heureuses. Je me rappelle avec quelle émotion l'un d'eux me racontait qu'étant à l'école, ses camarades lui demandaient à quelle nation il appartenait, et qu'il n'avait pas de réponse à leur faire. L'idée ne lui venait pas de dire qu'il était syrien ou ottoman. Les Maronites se déclaraient français, les orthodoxes russes, les musulmans turcs; il ne savait, pour son compte, à quel saint, je veux dire à quel peuple se vouer. Dans sa détresse, il imagina de se proclamer autrichien. Ce jeu d'enfants n'est que l'image exacte de la réalité; car tous les catholiques que nous laissons échapper, passent à l'Autriche ou à l'Italie, qui se forment ainsi une clientèle en Syrie. Ce que ce pays a de désespérant, c'est la division, le morcellement, l'émiettement où sont tombées les diverses religions. S'il n'y avait en face les uns des autres que des chrétiens et des musulmans, il serait très simple d'établir entre eux une paix durable. Mais il faut compter avec les Druses, les Métualis, les Amaries, qui ne sont ni musulmans ni chrétiens. Ce n'est pas tout. Les chrétiens se divisent d'abord en orthodoxes et en catholiques, et à cette division générale viennent s'en ajouter malheureusement beaucoup d'autres. Les catholiques ne forment pas une seule communauté : les uns sont maronites, les autres machites ou grecs unis, les autres arméniens, les autres syriens, les autres latins, que sais-je encore? Ces divers groupes se haïssent et se jalousent mutuellement bien plus qu'ils ne haïssent et ne jalousent les musulmans, les druses ou les orthodoxes. Autrefois à Beyrouth, deux personnes qui ne se connaissaient pas et qui se rencontraient pour la première fois, se demandaient tout d'abord : « De quelle communauté êtes-vous? » Il ne pouvait exister de relations amicales qu'entre membres de la même communauté. Ces divergences sociales ont quelque peu diminué sous l'influence des écoles des congrégations religieuses, jésuites, lazaristes, etc., lesquelles, étant en dehors des communautés, ont l'avantage de confondre tous leurs élèves dans une camaraderie qui efface graduellement les oppositions de communautés. Mais la génération actuelle n'a pas encore subi l'effet de cet apaisement. Lorsqu'on vit quelques semaines à Beyrouth, il est impossible de n'être pas abasourdi par les querelles des communautés catholiques, se disputant entre elles la gloire de n'être jamais tombées dans l'hérésie.

Au milieu du bruit de ces polémiques qui rappellent ce que nos guerres théologiques du xvie siècle ont eu de plus fastidieux, on se sent transporté dans un monde qu'on croyait disparu. Les Maronites ont-ils été monophysites? Grave question, sur laquelle j'ai peut-être une opinion personnelle, mais Dieu me garde de l'exprimer, car de quelque côté que j'aie la témérité de me prononcer, je me ferai des milliers d'ennemis! Des flots d'encre et des torrents d'injures ont été dépensés de part et d'autre pour combattre ou pour soutenir l'antique orthodoxie des Maronites. Je n'oserais traduire ce que des évêques ont écrit à ce sujet en arabe et en latin, deux langues qui bravent également l'honnêteté. Jamais les prédicateurs de la

Ligue ne se sont servis d'épithètes plus virulentes que celles dont certains prélats, parlant de leurs confrères, ont usé à cette occasion. Enfin le Vatican, ému de tant de violence, a imposé silence aux combattants. Mais son intervention est arrivée trop tard. Elle n'a pu effacer les blessures qu'on s'était déjà faites; elles saignent toujours au fond des cœurs.

Si les catholiques sont portés à s'entre-déchirer ainsi, on comprend à quel degré d'exaspération atteint parfois la lutte générale, soit entre catholiques et orthodoxes, soit entre chrétiens et druses ou musulmans. Depuis quelques années, un autre agent de dissension s'est ajouté à tous ceux qui existaient déjà. Sans doute les missions protestantes ont rendu à la Syrie d'éclatants services par les écoles excellentes qu'elles y ont établies, ainsi que par les institutions charitables qu'elles y fondent et y entretiennent tous les jours. C'est là le beau côté de la propagande chrétienne en Orient. D'où qu'elle vienne, quelles que soient les vues secrètes, politiques ou autres, qui l'inspirent, quelque moyen même qu'elle emploie afin de triompher plus vite, elle a toujours pour résultat d'apprendre à lire à un certain nombre d'hommes, de leur fournir des secours dans la misère et dans la maladie, de les mettre en mesure de sortir de la barbarie pour s'initier à la civilisation. Mais n'est-il pas malheureux que le protestantisme soit une nouvelle cause de division pour un peuple si profondément divisé? Les sociétés bibliques anglaises et américaines disposent de ressources immenses dont les Syriens tirent un grand profit. Je n'aurai pas l'injustice de prétendre, à l'exemple de certains voyageurs, qu'elles ne font de conversions qu'à prix d'argent, et qu'elles tiennent un registre en partie double des abjurations, où le nom des néophytes est accompagné de la liste des présents et des sommes donnés. Mais leur richesse leur permet de se montrer beaucoup plus libérales que les autres communautés chrétiennes. Dans un pays aussi pauvre que la Syrie, un pareil avantage n'est pas à dédaigner. Le nombre des protestants augmente donc de plus en plus sous l'effort d'un apostolat qui ne s'adresse pas uniquement à l'âme. Ce sont les Américains qui se livrent avec le plus d'ardeur à cet apostolat. Les accuser de poursuivre un but politique en évangélisant la Syrie, serait absurde; rien n'est plus désintéressé que la propagande qu'ils ont entreprise avec un dévouement accompli. Seulement, il faut bien avouer que le protectorat anglais, sous lequel viennent se placer tous les nouveaux convertis, est la principale cause du succès des pasteurs américains. Les Syriens hésiteraient beaucoup à devenir protestants si l'Amérique était la seule grande puissance protestante; car ils ont besoin de trouver dans la religion une protection nationale, et l'Amérique est trop éloignée d'eux pour être en mesure de la leur offrir. Mais l'Angleterre est là qui profite des bonnes œuvres américaines.

C'est ainsi que le protestantisme fait de grands et rapides progrès, qui apportent à la fois un élément de civilisation et un élément de discorde de plus à tous ceux qui fermentent en Syrie.

Au milieu des querelles intestines des chrétiens, le rôle des musulmans est assez curieux à observer. Leur dévouement envers la Turquie est des plus tièdes. Il en était autrement jadis. Tout musulman faisait cause commune avec les Turcs par fanatisme religieux, la foi étant le seul lien national qui existât en Orient. Mais les événements de 1860 ont commencé à dessiller les yeux de tout homme capable de quelque réflexion. Dans ces terribles et sanglantes catastrophes, les musulmans indigènes ont été les instruments inconscients des Turcs qui voulaient détruire l'indépendance du Liban. C'est pour cela qu'ils y ont fomenté des troubles afin de les mettre sur le compte de la liberté, dans l'espoir qu'on leur permettrait de rétablir le despotisme, seul moyen de ramener la paix. Grâce à l'intervention de l'Europe et à l'initiative de la France, ce triste calcul a échoué. Mais ce sont les musulmans qui ont dû payer les frais de la révolte ; leur sang et leur argent ont servi de prix à des crimes dont les Turcs étaient les instigateurs. Cette cruelle leçon a été oubliée pendant la dernière guerre entre la Russie et la Turquie. Les bulletins de victoire expédiés de Constantinople ont grisé quelque temps la population musulmane ; l'écho du canon de Plewna la berçait du rêve d'un réveil glorieux de l'islam. Lorsque la vérité est apparue, la déception a été grande. Les musulmans syriens se sont rappelés les malheurs de 1860 ; ils ont calculé ce que leur coûtait le gouvernement de la Turquie ; les plus intelligents se sont alors demandé s'il ne serait pas plus sage de leur part de séparer la religion de la patrie. Il en est résulté des tendances nouvelles, un peu confuses sans doute, mais plus sérieuses qu'on ne pourrait le croire. Sous l'action des idées libérales que Midhat Pacha avait mises à la mode et que les malheurs de la Turquie ont répandues dans tout le monde arabe, un esprit d'indépendance a semblé se former. Pendant que j'étais à Beyrouth, de jeunes musulmans s'occupaient à organiser des sociétés pour créer des écoles, fonder des hôpitaux, travailler à la régénération de leur pays. Ce qu'il y avait d'intéressant dans cette initiative, c'est qu'elle se produisait en dehors de toute préoccupation religieuse. Les sociétés qu'on cherchait à établir devaient entrer en relation avec les chrétiens et les convier à participer à l'œuvre nationale. Quant aux Turcs, on les laissait de côté. On préférait l'alliance des chrétiens à la leur; peut-être même espérait-on obtenir, au moyen de cette alliance, la protection de quelque grande puissance européenne, protection sans laquelle il est impossible de rien faire en Orient. L'exemple de l'Égypte où la France et l'Angleterre venaient de briser, au profit des indigènes, la tyrannie du khédive, séduisait les imaginations. Qui sait si la Syrie ne pourrait pas obtenir des mêmes puissances un bienfait du même genre? J'avais adressé de Jérusalem au *Journal des Débats* quelques lettres où, m'appliquant à rappeler nos grandes traditions diplomatiques, si oubliées aujourd'hui, je démontrais de mon mieux que notre politique en Syrie devait être avant tout catholique. J'entendais par là, non pas que nous ne devions avoir de sollicitude que pour les catholiques, mais que notre principale sollicitude devait être pour eux, afin de conserver une clientèle nombreuse, dévouée, que d'autres puissances font les plus grands efforts pour nous arracher. La France a été jusqu'ici l'unique protectrice des catholiques orientaux, et à moins de renoncer à l'Orient, il faut qu'elle continue à ne partager cette protection avec personne. Mais est-ce une raison pour refuser notre appui, soit aux chrétiens non catholiques, soit aux musulmans, tant que nous pouvons le leur accorder sans blesser les intérêts des catholiques? Assurément non. Beaucoup de musulmans syriens ont cependant compris ainsi mes lettres sur la politique française en Syrie, et l'un d'eux m'a accusé même, dans un article publié par tous les journaux arabes de Beyrouth, d'avoir soutenu que notre politique ne pouvait être qu'*exclusivement* religieuse. « Nous croyons, ajoutait-il, que M. Charmes a écrit ce mot exclusivement erroné après un repas arrosé d'un vin exclusivement vieux dans un couvent quelconque ». Hélas! non; le vin des couvents n'est pas exclusivement vieux, et si mes expressions ont été exclusivement erronées, toute la faute en est à mon esprit, non à mon estomac. La suite de l'article qui commençait par ce joli trait contenait un programme de politique que l'écrivain arabe proposait à la France. Je vais le citer comme un indice des aspirations qui se manifestent dans une partie de la société musulmane de Syrie.

« M. Charmes aurait pu s'exprimer d'une manière plus conforme à la vérité, à la situation et aux vrais intérêts des deux pays en disant que la politique de la France devrait être une politique impartiale, libre, utile, et non une politique de parti et d'exclusivisme. Il eût été ainsi autrement près de la vérité, car il a semblé dire : la politique de la France doit, pour s'attirer les sympathies des habitants, aider le gouvernement dans l'application des réformes, protéger les opprimés, déployer le drapeau de la liberté, créer des écoles libres de bienfaisance pour toutes les communautés, tracer des routes pour activer le transport des produits, et faciliter ainsi les transactions du commerce entre les deux pays, développer l'industrie indigène pour le bien-être des populations, exploiter les mines et faire en général pour le pays tout ce qui est juste, libre et utile. La France aurait ainsi contenté tout le monde malgré la divergence des opinions et des croyances, et accompli l'œuvre d'une grande nation libre dont le nom est entouré de respect dans tout l'Orient. La France doit fonder sa politique sur les principes du progrès et de la civilisation, sur la liberté, la vérité et l'utilité générales. Or nous voyons ces éléments dans sa politique, car elle marche à la tête des protecteurs de l'humanité, et elle a des droits à la reconnaissance de toutes les nations. Sa révolution a réveillé les peuples assoupis et éclairé le monde du flambeau de la liberté. Enfin aucune gloire ne lui manque, et l'histoire nous en fournit des témoignages éclatants : elle a contribué à assurer l'indépendance des États-Unis d'Amérique et de l'Italie ; elle a secouru notre gouvernement pendant la guerre de Crimée et accordé son appui à la Roumanie, au Liban, à l'Égypte et à la Grèce en dernier lieu. Aussi lorsque nous verrons la France répandre chez nous l'instruction et la liberté, et que nous aurons conscience de notre progrès, notre reconnaissance lui sera acquise. »

Je dois dire que l'auteur de ces lignes curieuses s'est repenti depuis de les avoir écrites, et que, pour obtenir son pardon de Constantinople où l'on s'était montré très irrité contre lui, il m'a criblé d'invectives dans une brochure où il appréciait à sa façon le commencement de mon voyage en Palestine. C'est que l'expédition de Tunisie et la politique du panislamisme sont venues dans ces derniers mois, non pas changer les aspirations des musulmans de Syrie, mais du moins en arrêter la manifestation. Les dispositions de l'immense majorité de la société musulmane envers le gouvernement turc n'ont pas varié. Elle reste attachée à ce gouvernement par conviction religieuse, mais elle s'en détache dans le fond de l'âme et ne le supporte qu'avec regret. Des velléités de soulèvement et d'indépendance se sont produites à diverses reprises. Elles n'ont pas eu de suite, toutes les personnes intelligentes sachant fort bien que la Syrie ne pourra jamais être maîtresse chez elle, et que si le joug turc disparaissait, il serait fatalement remplacé par le protectorat d'une puissance étrangère. Mais il est impossible de ne pas y reconnaître un des signes d'une décadence de l'empire ottoman. Placés à côté de l'Égypte dont ils subissent directement l'influence, les musulmans syriens éloigneront les chrétiens et rêveront d'établir chez eux un régime d'autonomie fondé sur l'islamisme, si un régime pareil finit par l'emporter au Caire ; dans le cas contraire, ils se rappelleront, comme le faisait l'auteur de l'article dont je viens de citer la partie principale, que la France a favorisé l'émancipation de tous les peuples qui, depuis deux siècles, sont arrivés à la liberté, et ils chercheront de nouveau à s'unir aux catholiques afin d'obtenir par eux l'appui et le concours de notre pays.

Ce serait donc une grande faute de notre part que de renoncer à faire en Syrie, je ne dis pas de la politique *exclusivement* religieuse, mais du moins de la politique *principalement* religieuse. Un grand nombre de voyageurs et de publicistes ont imaginé de substituer à la politique religieuse ce qu'ils appellent la politique rationnelle, quoique, en vérité, rien ne soit plus contraire, non seulement à la raison, mais au simple bon sens, que le projet qu'ils préconisent. La première chose à faire, d'après eux, serait de créer en Syrie des écoles laïques pour y combattre l'influence des écoles des communautés et des congrégations. Cela équivaudrait à tirer sur nos propres troupes. On comprend à peine qu'une pareille mesure puisse être recommandée par un écrivain musulman comme celui que je citais tout à l'heure, car dans les écoles chrétiennes actuelles, les musulmans sont admis aussi bien que les chrétiens, et la tolérance qu'ils y trouvent est complète. Mais qu'un Français en sollicite l'application, c'est ce qui ne s'explique que par une ignorance absolue de l'état de la Turquie. Les écoles religieuses ne sont pas à l'abri de critiques sérieuses; je leur en adresserai moi-même bientôt. Mais si elles sont irréprochables en quelque chose, c'est à coup sûr dans les sentiments qu'elles professent pour la France. Il n'y a pas une école catholique, à quelque communauté, à quelque congrégation qu'elle appartienne, où l'amour de la France ne soit enseigné en premier lieu. Les témoignages des voyageurs sont unanimes à ce sujet. On se serait parfaitement expliqué qu'à la suite de l'application des décrets, les jésuites et les lazaristes de Syrie eussent éprouvé un mouvement de mauvaise humeur et, se voyant abandonnés par nous, se fussent tournés du côté de l'Autriche ou de l'Italie, qui s'empressaient de leur offrir une protection que nous paraissions devoir leur refuser désormais. Il faut leur rendre cette justice qu'il n'en a rien été. Je n'ai point assisté à l'impression produite à Beyrouth par les décrets; je n'y étais pas encore arrivé quand elle s'est produite ; mais un correspondant du journal le *Temps* en a fait un récit qui ne saurait être suspect de partialité envers les jésuites. La nouvelle des décrets avait été apportée en Syrie par une dépêche de Constantinople, les Turcs étant très pressés de faire connaître aux catholiques une mesure qui devait avoir, suivant eux, pour conséquence l'abandon de la vieille politique française en Orient. Je me souviens encore, écrivait le correspondant du *Temps*, avec quelle douleur profonde le Père Normand, supérieur des jésuites de Syrie et d'Égypte, surpris par les décrets du 27 mars, me disait : « C'est dans mes sentiments de Français que je suis surtout atteint par ces décrets. On semble nous désigner à tous ces étrangers de Syrie comme des mauvais citoyens, comme des cosmopolites sans patrie ni foyer ; je souffre bien plus, ici, de ce stigmate, que je ne m'inquiète, pour l'avenir de notre Société, des résultats des décrets. » Je connais assez le Père Normand pour être sûr qu'il ne disait que la vérité. En Syrie, être catholique est presque synonyme d'être français. Mais cela cesserait évidemment le jour où, non contents d'expulser les ordres religieux de France, nous irions leur faire concurrence en Orient. Nous aurions alors contre nous toutes les associations, toutes les communautés chrétiennes. Nous perdrions une clientèle énorme, à la place de laquelle nous recueillerions une vingtaine de musulmans désabusés et de prétendus libres penseurs, qui ne seraient en réalité que des déclassés.

Il se passera bien des années encore, avant que l'esprit scientifique fasse assez de progrès en Orient pour y remplacer l'esprit religieux d'aujourd'hui. Un Oriental qui renonce à son culte ne devient pas plus un libre penseur, qu'il ne devient un Européen en s'habillant à la française. Sous le premier comme sous le second déguisement, il y a toujours quelque boîte à musique qui éclate au moment où l'on y pense le moins, et trahit la fausseté de la conversion. Qu'importe d'ailleurs? Ce qui m'a particulièrement frappé à Beyrouth, c'est de voir combien une société pouvait faire de progrès incontestables vers la civilisation sans sortir des formes religieuses auxquelles elle est habituée depuis des siècles. Les idées et les mœurs de l'Europe ont été importées en Égypte d'une manière toute laïque. C'est par l'administration, le gouvernement, la banque, l'industrie, le commerce qu'elles y ont été introduites. En Syrie, au contraire, tout est l'œuvre des communautés et des congrégations religieuses. Eh bien! lorsqu'on ne s'arrête pas à la surface, lorsqu'on ne regarde pas seulement l'extérieur des hommes et des choses, on s'aperçoit que la Syrie est peut-être plus complètement, plus profondément européenne que l'Égypte. La civilisation matérielle ne change que les habitudes, la civilisation morale change les âmes. Les Syriens n'ont pas eu, comme les Égyptiens, un grand nombre d'ingénieurs, d'administrateurs et d'industriels appelés par un homme de génie, tel que Méhémet-Ali, pour leur apprendre à sortir peu à peu de la barbarie où ils étaient plongés. Aussi n'ont-ils pas fait des pas aussi grands que leurs voisins; mais ceux qu'ils ont faits sont plus sûrs. Ils sont moins exposés à subir des réactions, des retours en arrière. Si regrettable que puisse être aux yeux des artistes la transformation matérielle de Beyrouth, comment ne pas admirer qu'une ville sans port, qui n'a qu'un commerce médiocre, qu'un si petit nombre d'étrangers habite, où aucune des grandes banques de l'Europe ne possède de succursale, soit parvenue à égaler presque Alexandrie ou le Caire? En Égypte, on sait ce qu'ont coûté les splendeurs du règne d'Ismaïl Pacha. C'est l'argent de l'Europe qui les a payées. Les progrès de la Syrie se sont accomplis aux frais de la Syrie, et malgré les obstacles que le gouvernement leur opposait trop souvent. Mais ce qui fait le mieux ressortir la différence entre les deux pays, c'est l'état de l'instruction publique dans chacun d'eux. Il n'y a presque pas d'écoles en Égypte; celles du gouvernement, fondées par Méhémet-Ali, sont tombées après lui dans un état de décadence qui fait pitié. Quelques-unes se sont à peu près maintenues, grâce à des directeurs et à des professeurs européens; mais si l'on en juge par les élèves qu'elles produisent, leur enseignement est resté des plus médiocres. Tous les Égyptiens réellement instruits, — et il n'y en a qu'un assez petit nombre, — ont fait leurs études en Europe. En Syrie, au contraire, l'instruction est répandue partout. Chaque ville, chaque village, possède des écoles excellentes. C'est surtout sur le terrain de l'enseignement que les communautés rivalisent entre elles. Celles qui étaient en retard ont fait, dans ces dernières années, d'énormes sacrifices pour rattraper leurs devancières. Je n'en connais pas une seule qui n'ait obtenudes résultats remarquables. Aussi ne rencontre-t-on presque pas de Syriens qui n'aient une culture générale très suffisante. Sans doute, ceux qui viennent d'Europe ont fait seuls des études tout à fait complètes. Mais le nombre de ceux qui ont fait des études primaires et secondaires sérieuses n'est guère moins considérable qu'il ne l'était chez nous il y a cinquante ans.

Il faudrait écrire un volume pour rendre compte de l'état de l'instruction publique en Syrie. Je me bornerai à donner quelques détails sur plusieurs écoles que j'ai visitées à Beyrouth. Ce que nous appelons l'enseignement supérieur n'est représenté jusqu'ici dans cette ville que par l'université protestante américaine dont les vastes bâtiments, situés un peu en dehors de la ville, sont un modèle de bonne installation, d'élégance et de propreté. J'insiste sur ce dernier mérite; il n'est point à dédaigner en Orient! Les protestants y attachent une importance particulière. Leurs plus petites écoles de hameau sont tenues avec le même soin que les écoles analogues en Angleterre et en Amérique. Quant à l'université de Beyrouth, entourée d'un magnifique jardin qui s'avance jusqu'à la mer, elle pourrait défier, comme aménagement matériel, nos meilleurs établissements. Aucun de ces derniers ne possède assurément une vue aussi belle. L'enclos de l'université américaine domine le golfe de Beyrouth et le regard y embrasse le magnifique panorama dont j'ai cherché tout à l'heure à donner quelque idée.

Les cours de l'université comprennent à la fois les lettres et les sciences; mais ils roulent principalement sur la médecine. Comme les missions américaines cherchent surtout à faire des prosélytes, il est naturel qu'elles se préoccupent de former des médecins dont l'influence dans les campagnes est encore plus grande en Orient qu'en Occident. L'enseignement est à la fois théorique et pratique. Les missions américaines ont des hôpitaux où sont installées d'excellentes cliniques.

Je n'ai pas la prétention de me faire juge de l'enseignement, bien que j'aie assisté avec le plus grand intérêt à diverses leçons. Mais je puis bien dire que les professeurs m'ont paru des hommes fort distingués et chez lesquels le zèle de la science est aussi vif que le zèle religieux. Pendant que j'étais à Beyrouth, ils faisaient leurs cours en arabe, en quoi ils rendaient, à mon avis, un très grand service à cette langue peu assouplie aux formes scientifiques. Il paraît qu'ils ont changé de méthode et qu'ils professent aujourd'hui en anglais. Le gouverneur du Liban, Rustem Pacha, les avait beaucoup poussés à abandonner l'arabe, dans l'espoir que les progrès de l'anglais amèneraient peu à peu une décadence de l'influence française. Les professeurs de l'université américaine ont eu grand tort de suivre les conseils de Rustem Pacha. Ils avaient plus fait que personne pour le progrès de la civilisation en Syrie, non seulement en professant dans la langue arabe, mais en publiant dans cette langue une série d'ouvrages scientifiques qui ont été mis ainsi à la portée de tous les indigènes. Une imprimerie est annexée aux missions américaines. Quand on en parcourt le catalogue, on est frappé d'abord de la quantité de bibles et d'ouvrages de controverse qu'il contient. C'est un inconvénient qu'on remarque aussi dans le catalogue de l'imprimerie des jésuites. Mais doit-on s'en étonner? La première imprimerie et par suite la première bibliothèque arabe de Syrie ont été fondées au xviiie siècle par un moine grec catholique, surnommé à cause de sa science Abd-Allah-Zâker. Ce qui inspira à Abd-Allah-Zâker le courage d'arracher aux musulmans, qui seuls alors avaient des écoles, le secret des plus grandes délicatesses de leur langue et de les livrer au public au moyen d'une imprimerie dont il dut fondre tous les caractères de ses mains, ce fut précisément le désir d'argumenter contre ses adversaires dans des polémiques théologiques. Il devint un écrivain de premier ordre et les ouvrages qu'il publia sont encore des modèles d'arabe. Mais ces ouvrages, au dire de Volney, « au lieu d'être propres à éveiller le goût des arts chez tous les Arabes sans distinction, n'étaient que des livres mystiques exclusivement propres aux chrétiens, et qui, par leur morale misanthropique, n'étaient faits que pour fomenter le dégoût de toute science et même de la vie ».

En dépit des sinistres prévisions de Volney, c'est dans la bibliothèque d'Abd-Allah-Zâker que les Syriens ont commencé à apprendre à lire, et cela ne leur a pas inspiré assurément le moindre dégoût de la vie. La critique religieuse est née en Allemagne des facultés de théologie. Peut-être sortira-t-elle en Syrie de la même source. Néanmoins c'est surtout par leurs publications scientifiques que les missions américaines ont contribué à l'avancement de ce pays. Leurs professeurs ont traduit ou adapté en arabe tous les ouvrages nécessaires à un enseignement complet. Ils rédigent, en outre, une sorte de revue où paraissent des articles de science, de littérature, de philosophie. Le nombre des lecteurs de cette revue, qui est unique en Orient, augmente chaque jour.

L'université américaine a un observatoire muni de tous les instruments essentiels, des cabinets d'histoire naturelle très complets, des collections de minéralogie et de botanique remarquables. Toutes les branches des études y sont cultivées ; seulement, comme je l'ai dit, la médecine est celle qui attire le plus d'élèves, parce qu'elle conduit à une carrière sûre, avantage que l'esprit pratique des Syriens met au-dessus de tout. Seulement, l'université américaine n'a pas le droit de donner le diplôme de médecin. Quand on a suivi ses cours, si l'on veut exercer la médecine dans le pays, il faut aller perdre une année à l'université de Constantinople, qui ne vaut certainement pas celle de Beyrouth, mais dont les grades sont reconnus dans l'empire ottoman. Les élèves de l'université que les jésuites se préparent à établir à leur tour devront-ils se soumettre à la même nécessité? Cette université n'est pas encore organisée; mais elle le sera bientôt. Le Père Normand, dont le nom est venu tout à l'heure sous ma plume, y travaille depuis quelques années avec la plus grande ardeur. On peut compter sur lui pour réussir. C'est un des hommes les plus énergiques, les plus simples, les plus actifs que j'aie rencontrés en Orient. Il y vit depuis longtemps; il possède à fond la langue arabe; il connaît les mœurs du pays : le bien qu'il y a fait est déjà grand; celui qu'il y fera ne le sera pas moins.

L'histoire des jésuites en Syrie serait curieuse à écrire. Ils y avaient fondé au xviii° siècle une école qu'ils durent abandonner lorsqu'un pape édicta contre eux un décret autrement dangereux que ceux du 27 mars. « Sur la frontière du Kesraouân, à une lieue au nord de Nahr el-Kelb, dit Volney dans son *Voyage en Syrie*, est le petit village d'Autoura, où les ci-devant jésuites avaient établi une maison qui n'a point la splendeur de celles d'Europe; mais dans sa simplicité cette maison est propre; et sa situation à mi-côte, les eaux qui arrosent ses vignes et ses mûriers, sa vue sur le vallon qu'elle domine, et l'échappée qu'elle a sur la mer, en font un ermitage agréable. Les jésuites y auraient voulu annexer un couvent de filles situé à un quart de lieue en face, mais les Grecs les en ayant dépossédés, ils en bâtirent un à leur porte, sous le nom de la *Visitation*. Ils avaient aussi bâti, à deux cents pas de leur maison, un séminaire qu'ils voulaient peupler d'étudiants maronites et gréco-latins, mais il est resté désert. Les lazaristes, qui les ont remplacés, entretiennent à Autoura un supérieur curé et un frère lai, qui desservent la mission avec autant de charité que d'honnêteté et de décence. » Les lazaristes occupent encore Autoura où ils ont un excellent collège, mais les jésuites sont revenus en Syrie. Ils ont commencé vers 1835 par s'établir modestement à Ghazir, à quelques kilomètres d'Autoura, et par y créer une école en concurrence avec celle des lazaristes. Leurs débuts ont été difficiles, mais ils ont su vaincre tous les obstacles à force de bonne grâce et de hardiesse. Dès cette époque ils charmaient tous les voyageurs par leur accueil affable. On prétend que M. Renan les a visités et a assisté avec plaisir à leurs exercices scolaires. Un de leurs anciens élèves m'a même raconté qu'un député radical dont je tairai le nom, homme de beaucoup d'esprit, leur avait prêté le concours de son pinceau dans une de ces représentations théâtrales qui ont toujours été dans les traditions de leur enseignement. La pièce que devaient jouer leurs élèves s'appelait *Arboguste*, et c'était l'histoire d'une sorte de Polyeucte qui mourait martyr de sa foi. Mais les décors manquaient. Le député radical, qui a certainement voté depuis l'article 7, s'offrit à leur en faire. On lui donna toute la toile que renfermaient les magasins du couvent, et il brossa rapidement de superbes esquisses qui représentaient le cirque romain où le héros chrétien devait mourir. J'aurais vivement désiré voir cette œuvre curieuse d'un voyageur spirituel qui a dépensé depuis autant de verve à combattre les jésuites qu'il en montrait à cette époque à prendre sa part de leurs divertissements scolaires. Mais hélas! elle avait tristement fini. Quelque temps après la représentation, les jésuites avaient eu besoin de toile. N'en trouvant pas d'autre sous leurs mains, ils avaient envoyé les décors d'*Arboguste* à la rivière d'où ils étaient revenus assez décolorés pour faire des caleçons à toute la communauté.

Les jésuites ne s'amusaient pas toujours. Ils s'étaient placés au centre le plus important de la chrétienté syrienne. Leur expansion ne pouvait manquer d'être contrariée dans le district de Kasravan, que l'on a surnommé « la forteresse du catholicisme », par le voisinage du patriarche maronite qui y a sa résidence, et par l'entourage de couvents si nombreux que presque tout le sol de ce district leur appartient. Grâce à leur esprit d'opiniâtreté et d'entreprise, secondé par des ressources considérables, ils réussirent cependant à s'implanter dans le pays. Bientôt, leur établissement de Ghazir acquit autant d'importance que celui des lazaristes à Autoura; bientôt même il en eut plus. Les jésuites se transportèrent alors à Beyrouth même, et Ghazir devint une simple maison de retraite où les Pères vont chercher quelque repos, tout en maintenant, par une présence continue, la part d'influence qu'ils ont conquise dans ce coin du Liban, où s'agitent et se débattent toutes les rivalités des clergés de Syrie. Leur établissement de Beyrouth, auquel ils ont donné le nom d'*Université de Saint-Joseph*, est placé dans le centre même de la ville, de manière à être vu de toutes parts. Bien peu de nos lycées pourraient entrer en comparaison avec ce collège. Toutes les conditions d'hygiène et de confort qui manquent très souvent à nos maisons scolaires y sont réunies. Le bon marché relatif des terrains avait permis de donner à toutes les parties du bâtiment les vastes proportions conformes aux nécessités du climat. Les dortoirs sont larges et parfaitement aérés, les classes grandes et élevées, les jardins vastes et les cours très bien plantées. Une chapelle, ornée d'une double rangée de colonnes de marbre, décorée avec cet art tout mondain que les jésuites savent appliquer à l'ornementation de leurs églises, reçoit les trois cent cinquante élèves que possède le collège et les cinq à six cents enfants qu'y conduisent les écoles voisines des sœurs de Saint-Joseph; elle donne de plus accès, chaque dimanche, à un millier de fidèles du rite latin qui deviennent les paroissiens des jésuites et désertent en leur faveur l'église de leur communauté. L'enseignement comprend l'enseignement primaire et l'enseignement secondaire. Un séminaire pour les clergés des différents rites est annexé à l'école. Bientôt, comme je l'ai dit, une faculté de médecine y sera également ajoutée. Les jésuites ont déjà des laboratoires et des collections scientifiques considérables. Quant à leur imprimerie, la seule imprimerie française de Beyrouth, elle est organisée sur un très large pied. Il en sort chaque année des flots de livres à bon marché de mérites fort divers à la vérité, mais dont quelques-uns sont excellents. Les publications de luxe n'y manquent pas non plus. Une Bible traduite en arabe par les Pères est l'un des plus beaux spécimens d'impression orientale que l'on ait. Les jésuites fabriquent eux-mêmes leurs caractères, leur carton et jusqu'à leur papier. Cette imprimerie modèle, qui occupe des jeunes gens du pays, est dirigée par un musulman converti, né en Syrie et élevé par la congrégation.

L'établissement de Beyrouth n'est que le centre des missions des jésuites. La société embrasse toute la Syrie, elle descend jusqu'à Saïda, pénètre dans le Liban, gagne Damas et remonte en ce moment le cours de l'Oronte. Des milliers d'enfants reçoivent l'instruction dans ses écoles. Qu'on songe aux sommes qu'il faudrait dépenser si on voulait les remplacer par des écoles laïques ! On n'y parviendrait point d'ailleurs, car les populations habituées aux formes religieuses ne consentiraient point à envoyer leurs enfants recevoir les leçons de professeurs qu'on leur représenterait comme des athées. Les jésuites ont certainement leurs défauts. On leur reproche de chercher à unifier tous les rites de l'Orient, à enlever aux catholiques unis leurs usages locaux et leurs liturgies, d'être contraires au mariage des prêtres, etc. S'ils ont réellement de pareils desseins, ils ne réussiront pas à les accomplir; mais s'ils se bornent à tâcher d'effacer les haines violentes qui séparent les communautés et à les rapprocher les unes des autres dans un sentiment de commune charité, on ne saurait trop souhaiter leur succès ! Les lazaristes les secourront dans cette œuvre. Héritiers de la maison des jésuites au XVIII° siècle, leur collège d'Autoura n'a pas cessé de faire de très bons élèves. Ils ont aussi des établissements à Damas, à Tripoli et à Alep. Moins actifs que les jésuites, ils s'appliquent surtout à soutenir les sœurs de Saint-Vincent de Paul dont ils sont les directeurs spirituels et les conseillers matériels. Le bien qu'ils font ainsi est inappréciable; leurs succès ne sont pas tapageurs, mais ils sont de ceux dont l'effet ne disparaît jamais.

Les communautés catholiques n'ont pas

voulu laisser le monopole des écoles aux congrégations enseignantes. Stimulée par l'émulation, chacune d'elles a consacré ses meilleures ressources à l'éducation des enfants. Je citerai d'abord les grecs catholiques, parce qu'ils sont beaucoup moins connus en France que les maronites, bien qu'ils ne leur soient inférieurs que sous le rapport du nombre. Leur collège d'ailleurs a précédé celui des maronites qui est de création récente. Il a été fondé, il y a dix-sept ans, par le patriarche monseigneur Grégoire Youssef, un des prélats les plus distingués de l'Orient qui a joué un rôle actif au dernier concile, dans les rangs de la minorité libérale dont les efforts n'ont pu empêcher la proclamation du dogme de l'infaillibilité. Des écoles du même genre ont été fondées à Damas et à Alexandrie. Celle de Beyrouth est ouverte non seulement aux grecs catholiques, mais encore aux orthodoxes, aux Européens, aux musulmans. Dirigée par un prêtre qui connaît très bien la France, on y enseigne avant tout le français; l'arabe lui-même ne vient qu'au second rang. Je note d'autant plus ce fait que, jusqu'à ces derniers temps, les grecs catholiques n'ont reçu aucun secours de la France qui se montre si généreuse pour d'autres communautés. Les Italiens ont proposé à maintes reprises des subventions à leur collège; le patriarche a toujours refusé, ne voulant recevoir de bienfaits que de la France. J'aurai occasion de faire mieux connaître les grecs catholiques. Pour le moment, je ne veux pas me laisser détourner des écoles. Le collège maronite est arrivé déjà à un haut degré de prospérité, grâce au zèle extraordinaire des Syriens pour tout ce qui regarde l'instruction. C'est un fort bel établissement, organisé sur le modèle de ceux dont j'ai déjà parlé, ouvert comme eux indistinctement aux enfants de toutes les communautés et de toutes les races, et considérant aussi le français comme le fondement des études.

L'éducation des filles n'est pas moins soignée à Beyrouth que celle des garçons. Les sœurs de Saint-Joseph, les sœurs de Saint-Vincent de Paul et les Dames de Nazareth possèdent des couvents qui répondent aux besoins de toutes les classes de la société. On trouve partout en Syrie les sœurs de Saint-Joseph dont j'ai déjà signalé, à propos de la Palestine, l'admirable dévouement. Les sœurs de Saint-Vincent de Paul ont à Beyrouth, dans les principales villes de Syrie et dans un grand nombre de villages, des écoles et des hôpitaux. Leurs établissements de Beyrouth sont installés avec un luxe remarquable. Des centaines de jeunes filles y reçoivent une éducation très suffisante, y apprennent à lire, à écrire, à compter et à coudre. J'ai visité leurs classes avec un grand plaisir. On y voit des petites filles de toutes les nationalités. Quand un homme entre, les Turques se tournent vers le mur, mais j'ai remarqué qu'il leur arrivait bien souvent de regarder de côté, ce qui permet d'apercevoir leurs figures rondes et blanches, si peu semblables au visage brun et allongé des Arabes. Beaucoup de religieuses sont indigènes. Je me rappelle en particulier une charmante petite sœur du couvent de Tripoli ; elle était prodigieusement jolie et je crois bien que mon admiration pour sa classe s'augmentait de celle que m'inspiraient ses yeux. Mais j'étais frappé de la modestie, de la douceur, du calme intelligent et du dévouement simple que les sentiments religieux avaient fait naître en elle, avec une nature qui devait être ardente comme le ciel de son pays. Assurément ce sont là des vertus dont les plus sceptiques ne sauraient s'empêcher d'être émus. Dans cet Orient si rempli de misères, le rôle de ces humbles sœurs de charité, qui soignent avec tant de zèle toutes les souffrances de l'âme et du corps, a quelque chose de particulièrement touchant. Il faut avoir un si grand courage pour s'arracher au plaisir de vivre d'une vie facile, et aller panser des blessures qui sont plus repousantes ici que partout ailleurs! Les Dames de Nazareth ne se consacrent pas à une œuvre aussi pénible. Il suffit de voir de loin leur splendide couvent, construit sur la colline de Chérafié au-dessus de Beyrouth, pour reconnaître qu'on est en présence de quelque chose qui rappelle le couvent du Sacré-Cœur ou le couvent des Oiseaux.

C'est une construction gothique du plus grand luxe, entourée d'un parc superbe d'où l'on jouit d'un merveilleux panorama. Les jeunes filles qu'on y élève appartiennent à la meilleure société de la Syrie. On leur apprend toutes sortes de choses utiles et toutes sortes de choses superflues, la grammaire et la mythologie, l'histoire et la botanique, la physique et l'archéologie, sans oublier la musique et les belles manières qui tiennent dans le programme une place importante. Au reste, j'en parle par ouï-dire, car un homme ne saurait être admis à assister aux cours, ainsi qu'il peut le faire dans les couvents moins distingués. Je n'ai pu pénétrer dans les classes que lorsqu'elles étaient vides et je me suis tenu à une distance respectueuse des dortoirs. Une aimable religieuse, au langage fort distingué, s'est bornée à me promener sur les balcons et sur les terrasses du couvent, où je me suis consolé de mon mieux de n'être point initié aux mystères de l'enseignement, en regardant les rayons du soleil inonder la campagne d'une lumière dorée, et en songeant que bien des jeunes filles avaient, à la vue de ce spectacle combiné avec l'éducation qu'on leur donne, senti s'éveiller en elles des rêves qui, à coup sûr, ne se réaliseront pas.

C'est là, en effet, il faut bien que je le dise, le défaut général de cette éducation vers laquelle tout le monde se porte en Syrie avec une ardeur si passionnée. Elle n'est point en rapport avec les mœurs, avec l'état social et politique du pays. Je m'en étais aperçu bien avant d'arriver à Beyrouth. Étant allé visiter à Nazareth un pensionnat de jeunes filles dirigé par une mission protestante anglaise, j'avais pris mon drogman pour me servir d'interprète, car il parlait beaucoup mieux l'anglais que moi. J'ai déjà dit que c'était un homme sage et de bon conseil. Charmé de trouver en pleine Palestine, au milieu de villages sordides, une maison entretenue comme un cottage anglais, où chaque élève avait son petit trousseau très proprement rangé dans une armoire, un couvert d'une blancheur éblouissante, un lit où l'on n'aurait pas distingué une tache, je ne pouvais m'empêcher d'en exprimer mon enthousiasme. Mon drogman me laissait parler; mais quand il me vit un peu fatigué. « — Permettez-moi, monsieur, me dit-il, de n'être pas de votre avis. Vous êtes étranger, vous passez à Nazareth, vous y voyez un pensionnat modèle qui ressemble à ceux de votre pays; vous ne vivez pas parmi nous; vous ne connaissez pas les conditions de notre existence; vous jugez donc de l'utilité de cet établissement par vos souvenirs français, et vous voilà en admiration devant l'œuvre des missions protestantes ou catholiques ! Mais moi qui suis Syrien, je ne puis partager tout à fait vos sentiments. Que des religieuses ou des chanoinesses viennent apprendre à nos filles à lire et à écrire, rien de mieux; mais pourquoi leur apprennent-elles en même temps à manger dans des assiettes, avec des couteaux et des fourchettes, à avoir deux ou trois robes de rechange, à coucher dans des lits composés de draps et de matelas? En sortant de pension, nos filles rentreront dans des huttes en terre ou dans des maisons bourgeoises, où l'on mange, s'il vous plaît, avec ses doigts, où les assiettes sont absolument inconnues, où pour toute robe on a une chemise de grosse toile, pour tout lit le pavé, pour tout matelas une natte en paille. Comment voulez-vous qu'elles s'habituent à ce changement de régime, et comment voulez-vous, d'autre part, qu'un malheureux cultivateur ou qu'un pauvre ouvrier leur fournisse tout ce qu'on leur donnait au pensionnat ? Elles nous reviennent avec des goûts de luxe que nous ne pouvons satisfaire ; or, quand une femme a des goûts de luxe que son mari ne peut satisfaire, le danger est grand pour ce dernier en Syrie et partout ailleurs, j'imagine. Les hommes du reste ne souffrent pas moins que les femmes de la disproportion qui existe entre l'instruction qu'ils reçoivent et la vie qu'ils doivent mener au sortir de l'école. Nous n'avons point, en dehors du clergé, de carrières libérales. Quiconque n'a pas la vocation religieuse, est obligé d'émigrer pour chercher une profession qui réponde à sa science, ou d'oublier sa science pour prendre une profession. C'est ce qui m'est arrivé à moi-même, monsieur. J'ai étudié, comme vous le savez, à Beyrouth ; j'ai fait mes classes. A quoi cela me sert-il? Je pense que vous n'avez aucune envie de causer avec moi en latin et que vous seriez médiocrement flatté si je vous débitais quelques phrases grecques. Plût à Dieu que mon père, moins ambitieux et plus sage, se fût borné à me faire apprendre l'anglais et le français, économisant le prix de mes autres études pour me le laisser en héritage! Peut-être cela m'aurait-il épargné plusieurs courses à travers la campagne, et quoiqu'il y ait certaines de ces courses qui sont fort intéressantes, celles que je fais avec vous par exemple, je vous avouerai que quelques jours de repos me seraient parfois bien agréables et que je les payerais bien volontiers de mon latin. »

Peu de temps après, j'étais allé passer une semaine à la campagne, aux environs de Damas, dans une famille maronite qui avait bien voulu m'offrir l'hospitalité. Cette famille n'était pas nombreuse : elle se composait du père et de la mère, qui ne parlaient qu'arabe, d'une jeune fille d'une vingtaine d'années et de son frère, jeune homme fort intelligent et fort aimable. Pour nous faire honneur, à mon compagnon de voyage et à moi, on nous avait placés dans la plus belle chambre de la maison. Or, il se trouvait que cette chambre était celle de la jeune fille. Les meubles en étaient moitié européens, moitié arabes ; on y voyait quelques livres singulièrement choisis, un volume de *Télémaque*, un volume de Corneille et les Contes d'Alfred de Musset. La tête de notre charmante hôtesse ressemblait à sa bibliothèque ; elle contenait le plus singulier mélange d'idées que j'aie jamais rencontré. L'éducation des Dames de Nazareth, combinée avec les mœurs orientales, avait produit en elle d'étranges confusions de pensées et de sentiments. Les premiers enseignements que reçoivent les jeunes filles syriennes dans le milieu qui les entoure, sont totalement dépourvus des réserves discrètes qu'on rencontre partout en Occident. Si elles sont musulmanes et si elles vivent de la vie du harem, on développe d'abord chez elles les goûts et les passions les plus brutales. Si elles sont chrétiennes, elles ont un peu plus de liberté, et elles en profitent pour s'initier, dans la promiscuité de l'existence orientale, à tout ce que les jeunes filles d'Europe ignorent ou doivent ignorer. Dès leur jeune âge, leur instruction est faite à cet égard. Tout y contribue, depuis les conversations qu'on tient autour d'elles sans la moindre précaution, jusqu'aux costumes si facilement dépareillés dont les deux sexes sont vêtus ou dévêtus. L'ardeur d'un climat qui éveille leur tempérament avec une rapidité étonnante ne leur permet pas de perdre le fruit de ces leçons de choses plus instructives, on le sait, que toutes les autres. Elles arrivent donc au couvent dans un état de développement physique et moral fort avancé. Celles qui entrent chez les sœurs de Saint-Vincent de Paul pour y apprendre tout tranquillement à lire et à coudre, reçoivent bien le genre d'enseignement qui convient à leur nature personnelle et au monde dont elles font partie. Mais les jeunes filles riches qui entrent au couvent des Dames de Nazareth voient s'ouvrir devant elles des horizons où leur imagination, à la fois très pratique et très déréglée, se perd bien souvent. On leur enseigne le français dans *Télémaque*, dans lequel, je le crains fort, elles ne voient guère que l'amant d'Eucharis. On leur parle d'une Europe qu'elles ne connaissent pas, où tout est charmant, exquis, distingué, où les hommes ressemblent moralement aux héros de Corneille et physiquement à Télémaque ; où les jeunes filles, au sortir du couvent, sont introduites dans un monde délicieux rempli des plus élégants plaisirs. C'est pour cette Europe qu'elles ne verront jamais qu'on les élève. « La formation des enfants, disait un rapport des Dames de Nazareth que j'ai eu entre les mains, sur leur maison d'instruction, la formation des enfants pour le ton, l'ordre, les bonnes manières, en un mot tout ce qui est du ressort d'une éducation à la fois simple et distinguée, est l'objet d'une attention spéciale de la part des maîtresses. » Hélas! le ton et les bonnes manières des

Dames de Nazareth n'ont aucun rapport avec ceux de la société bourgeoise de Syrie. Aussi leur couvent est-il une sorte de lanterne magique dans laquelle les jeunes personnes aperçoivent une contrée enchantée. Après quoi, on les rejette dans leur village sans autre occupation que de rêver aux délices entrevues des régions où

> Bien loin de ces savanes
> . . . .
> Avec les jeunes hommes
> On peut parler, le soir !

Si l'éducation des femmes provoque en elles des goûts peu en rapport avec la vie qu'elles doivent mener et qui ne font qu'exciter leurs instincts primitifs, celle des hommes a des inconvénients qui, pour être d'un tout autre genre, n'en sont pas moins graves. Danton disait, en 1793, à l'un de ses confrères, avocat au palais : « L'ancien régime a fait une grande faute, j'ai été élevé par lui avec une des bourses du collège du Plessis. Mes études finies, je n'avais rien, j'étais dans la misère, je cherchais un établissement... La Révolution est arrivée, moi et tous ceux qui me ressemblent, nous nous y sommes jetés. L'ancien régime nous y a forcés, en nous faisant bien élever, sans ouvrir aucun débouché à nos talents. » Si la Révolution n'arrive pas en Syrie, des milliers de jeunes gens vont s'y trouver dans une position tout à fait insupportable. Le genre d'instruction qu'ils reçoivent est combiné de telle manière, qu'il ne peut faire d'eux que des drogmans de consulat ou des employés dans les administrations publiques. Quant à ce dernier parti, il est impossible de songer à le prendre. Les administrations turques sont fermées aux chrétiens, voire même aux Arabes musulmans qui s'y trouvent dans une situation trop humiliée pour y chercher un avenir régulier. Le drogmanat des consulats, quoique développé d'une manière déplorable, n'en est pourtant pas moins une carrière bien restreinte. Que faire donc? Il n'y a pas, ou du moins il n'y a presque pas d'industrie en Syrie. Quant à l'agriculture, elle est soumise à trop de vexations pour que les indigènes puissent s'y livrer d'une manière tant soit peu productive. Dépenser des capitaux pour créer de grandes cultures serait une folie, car les Turcs ne manqueraient pas de s'emparer, sous prétexte d'impôt, de tous les bénéfices de l'entreprise. Partout où l'on a essayé de le faire, on est arrivé au même résultat. Il a fallu renoncer à un travail qui n'était rémunérateur que pour le fisc. Il ne reste donc aux jeunes Syriens qui ont acquis, comme Danton, des talents dans les écoles, d'autre ressource que l'expatriation. Un grand nombre d'entre eux se sont répandus en Égypte où ils remplissent les administrations. Mais toutes les places sont prises, et chaque année les Égyptiens, irrités de se voir évincés par des étrangers, s'efforcent avec autant d'ardeur de se débarrasser des Syriens que des Européens. Les Grecs catholiques, qui ont le génie du commerce, vont à Marseille, en Angleterre et jusqu'en Amérique pour y établir des comptoirs et y faire de la banque. Mais les Maronites, les Syriens, les Musulmans ne peuvent pas suivre cet exemple. La Syrie étouffe sous un régime écrasant dans ses frontières étroites. Les forces qu'elle a accumulées par la fureur d'instruction qui s'est emparée d'elle, ne trouvant plus d'emploi et n'étant point de nature à faire une révolution, retombent sur elles-mêmes, s'affaissent et se brisent. Partout sur ma route j'ai rencontré des jeunes gens qui savaient plusieurs langues et qui se dévoraient dans l'inaction. Plusieurs me demandaient avec anxiété s'il ne leur serait pas possible de trouver asile dans l'armée française ou dans nos administrations. Peut-être pourrait-on leur offrir un débouché en Algérie où leur connaissance de l'arabe nous serait très précieuse, mais il faudrait alors leur rendre la naturalisation facile, ce qui malheureusement est peu conforme à nos lois.

J'ai dit assez de bien des congrégations religieuses en Syrie pour avoir le droit de dire aussi que le genre d'enseignement qu'elles donnent contribue beaucoup à produire ces tristes effets. Les jésuites ont transporté en Syrie tout le vieux système d'éducation classique que notre université avait hérité d'eux, dont elle a tant de peine à se dégager et qui a eu chez nous de si fâcheuses conséquences. Mais s'il est fort peu approprié à notre état de civilisation, il l'est bien moins encore à celui de l'Orient. Ce n'est pas sans étonnement, j'en conviens, que j'ai lu dans le programme de l'*Université de Saint-Joseph*, que le collège des jésuites avait été formé « pour répondre au désir des familles, chaque jour plus nombreuses, qui ambitionnent de donner à leurs enfants une éducation à la hauteur de celle qu'on reçoit en Europe ». Une ambition pareille, si louable qu'elle soit, n'en est pas moins déplacée dans un pays qui est en retard sur l'Europe de deux ou trois siècles. Le prospectus ajoute : « L'enseignement embrasse toutes les connaissances qui peuvent ouvrir à un jeune homme intelligent les carrières libérales et lui faciliter l'accès aux hautes positions, en lui permettant de se présenter avec honneur aux épreuves des baccalauréats, qui sont, en France, le couronnement des bonnes et fortes études. » Si les études françaises sont bonnes et fortes, la question pourrait être contestée, mais que viennent faire en Syrie les baccalauréats ? Où sont les carrières libérales, où sont les hautes positions que le prospectus des jésuites fait luire aux regards des parents ? « Le cours complet des lettres, dit encore ce prospectus, comprend l'étude approfondie des langues arabe, française, *latine* et *grecque*. L'expérience des siècles a démontré la nécessité de ces dernières langues pour la formation des esprits élevés. Les trésors de poésie et d'éloquence qu'elles renferment, les ressources qu'elles offrent pour l'étude des sciences en général, et, en particulier, de la médecine et du droit, enfin leurs liaisons intimes avec les langues modernes les rendent absolument indispensables au développement intellectuel de la jeunesse, tel qu'il est compris dans les meilleurs collèges de l'Europe. » Voilà donc les malheureux Syriens condamnés, pour devenir des esprits élevés, à perdre des années à l'étude du grec et du latin. Assurément cette étude mettra à leur disposition, comme disent les jésuites, des trésors de poésie et d'éloquence, mais j'imagine qu'avec leur esprit essentiellement pratique, ils préféreraient des trésors plus tangibles. Comment se fait-il que les jésuites, qui ont l'esprit ouvert à toutes les nécessités politiques et sociales, ne comprennent pas combien il serait plus sage de former en Syrie des esprits sains que des esprits érudits, et combien un enseignement technique et scientifique y serait mieux adapté aux conditions vitales du pays qu'un système d'éducation fondé sur l'admiration platonique et la connaissance, plus que superficielle, du grec et du latin ?

Au reste, si déplorable que soit cette erreur des congrégations religieuses, les résultats en sont fort curieux à observer. L'Orient héritera de nos études classiques quand nous en serons complètement revenus, de même qu'il a hérité déjà de nos idées, de nos mœurs et même de notre langue d'il y a deux ou trois siècles. Nous trouverons ainsi, au delà de la Méditerranée, un écho de notre passé, ou plutôt nous l'y trouvons déjà puisque le phénomène dont je parle se produit depuis longtemps. J'ai souvent été frappé, par exemple, de la qualité du français que l'on étudie et que l'on parle en Orient. C'est le français du xvi° siècle. Le premier livre qu'on mette entre les mains des enfants est, je l'ai dit, *Télémaque*. Je me souviens encore d'avoir vu dans une école copte de Syout, en Égypte, école purement indigène et dont aucun professeur n'était étranger, des enfants se fatiguer l'esprit à lire et à comprendre le roman de Fénelon. Ils m'en récitaient de longs passages avec une prononciation étonnante, et rien n'était plus comique que de voir ces jeunes coptes, qui de leur vie n'avaient ouï parler ni de la Grèce, ni de la cour de Louis XIV, s'apitoyer sur les malheurs de Calypso décrit par un abbé du grand siècle. Aucun d'eux ne se doutait de ce qu'étaient Calypso, Ulysse, Télémaque, Eucharis. Tous ces noms, barbares pour eux, résonnaient à leurs oreilles comme des expressions vides de sens. Aussi leur bouche les écorchait-elle épouvantablement. *Télémaque*, démodé chez nous, est le premier livre de lecture courante des écoles orientales. Plus tard on se forme au beau style dans La Bruyère et dans Bourdaloue. Les jeunes filles lisent les Lettres de madame de Maintenon et elles en écrivent de toutes pareilles. J'en ai eu entre les mains qu'on aurait crues sorties de Saint-Cyr. Dieu me garde de mal parler des écrivains qui servent de modèles à la jeunesse syrienne ! S'il s'agissait d'enseigner le grand style et de préparer à l'Académie française, on ne pourrait donner de meilleurs maîtres. Mais il y a quelque chose de si disparate entre la vie d'un Arabe et celle des contemporains de Louis XIV, qu'en vérité on ne peut s'empêcher de penser qu'il vaudrait mieux l'initier à notre langue au moyen d'ouvrages qui ne le placeraient pas dans une atmosphère factice, dont l'air n'est pas fait pour ses poumons.

Les Orientaux en général et les Syriens en particulier ont une grande tendance à devenir des avocats beaux diseurs ou des hommes à imagination ; il n'est pas nécessaire de développer en eux l'éloquence ni la poésie ; mieux vaudrait les contenir. Si leur pays obtient un jour une indépendance relative, il n'échappera, je le crains, aux mains des Turcs que pour passer sous la direction d'une puissance européenne. Le gouvernement, l'administration n'offriront donc qu'un bien petit nombre de débouchés aux indigènes. C'est à l'industrie qu'il faudrait les préparer ; ce sont leurs aptitudes commerciales, leur génie des affaires qu'on devrait développer. Beyrouth, je l'ai dit, n'est pas une ville de commerce et de banque comparable à Alexandrie ; mais elle égalera peut-être un jour sa rivale. Elle est déjà le centre des principales maisons indigènes dont les opérations s'étendent et rayonnent sur tout le pays. C'est elle qui fournit l'argent nécessaire à l'achat des produits d'exportation. Le premier d'entre eux est la soie. L'industrie de la soie a été introduite en Syrie par la France il y a quarante ans. Avant 1840 il n'y avait que quelques tours arabes très primitifs, produisant des soies inférieures ne valant pas plus de douze francs le kilogramme avec des cocons payés environ un franc le kilogramme. Deux filatures françaises perfectionnées ont été créées à cette date, l'une à Beyrouth par

MM. le comte de Lhemond et le comte de la Ferté, l'autre à Béter (Liban) par M. Nicolas Portalis. C'est sur le modèle de ces établissements que se sont formées les nombreuses filatures qui couvrent aujourd'hui le pays, qui nourrissent une grande portion de la population, et qui constituent la plus grande ressource nationale. Ces filatures atteignent pour le moins le nombre de soixante-dix, formant un total de cinq mille huit cents tours et occupant environ neuf mille ouvriers ou ouvrières dont le salaire est en moyenne de un franc par jour. Une douzaine de ces établissements, les mieux tenus et les plus importants, sont français. On peut évaluer la récolte de la soie en Syrie à deux millions deux cent mille kilogrammes de cocons frais, valant en moyenne quatre francs le kilogramme. Les cocons secs et les soies qui en résultent, ainsi que les déchets, sont exclusivement exportés en France sur les marchés de Marseille et de Lyon. Le total de cette exportation atteint seize millions cinq cent mille francs. Les huiles, qui sont le meilleur produit industriel de la Syrie, après les soies, s'élèvent en moyenne à douze millions de kilogrammes. Elles sont assez grossières grâce à la manière défectueuse dont on les fabrique ; mais il serait facile de les rendre aussi fines que celles de France et d'Italie. Plus de la moitié de la production est employée aux usages du pays ou à la fabrication des savons pour l'Égypte, le reste est exporté en Europe et particulièrement en France. La Syrie serait assez fertile pour nourrir une partie de l'Occident avec ses blés, si la culture y était moins primitive ; telle qu'elle est, les besoins locaux étant assurés, cent cinquante millions de kilogrammes, valant en moyenne trente-trois millions de francs, sont exportés en Angleterre, en Italie et en France. Les orges, qui vont en France, en Algérie et en Angleterre, s'élèvent à quarante millions de kilogrammes produisant un chiffre de quatre millions de francs. Le sésame, le maïs, le coton sont exportés, principalement en France, pour une valeur annuelle de cinq millions six cent mille francs. Les laines, dont la moitié est dirigée vers la France, atteignent cinq millions de francs. Les fruits, les éponges, les animaux, le beurre, la gomme, le tabac, le miel, les chiffons, les os, etc., dont le total se monte environ à dix-huit millions neuf cent mille francs, sont également expédiés pour la plus grande partie en France. En résumé, l'exportation de la Syrie se monte approximativement à soixante-quatorze millions et demi de francs, dont plus de la moitié va en France.

Je cite ces faits et ces chiffres pour montrer combien la parole dédaigneuse de lord Beaconsfield, déclarant que nous n'avions en Syrie que des « intérêts sentimentaux », est peu justifiée. Il faut reconnaître cependant que si la Syrie nous envoie la grande majorité de ses produits, les nôtres sont bien loin de l'inonder. L'importation générale en Syrie peut s'évaluer à soixante-dix millions de francs. L'Angleterre importe pour quarante millions environ ; nous venons immédiatement après elle, mais avec neuf millions seulement. Les principaux articles de l'Angleterre sont : le coton manufacturé, la laine, la soie, les draps ordinaires, le riz Rangoon, le poivre, les piments, les bois de teinturerie, le cuivre, les fers, le charbon, la quincaillerie, les vernis, l'huile de lin, la grosse droguerie, etc. Les nôtres sont plus nombreux et plus variés, mais de moindre valeur ; ils consistent en alcool, articles de Paris, bougies, chanvre, filets et cordages, chaussures, cochenilles, cannelle, comestibles, salaisons, cuirs tannés et peaux, draperie fine, drogues médicinales et grosse droguerie, pointes, clous, vis et fers spéciaux, fournitures de bureau, livres, vins et liqueurs, merceries, passementeries, soieries, lainages, meubles et glaces, papiers à lettres, à cigarettes et d'emballage, parfumerie, plomb en tuyau et en grenaille, poivres et piments, quincaillerie, voitures et harnais, sucre, verre à vitre, cristallerie, faïence, zinc, charbon, etc. Les importations de l'Italie ne s'élèvent qu'à cinq millions et demi ; elles se composent de riz, de marbres, pâtes, cordes, cuirs, comestibles, verroterie, faïence commune, corail, etc. L'Autriche et l'Allemagne, de leur côté, importent pour neuf millions : acier, allumettes, bière, bonnets rouges, filés rouges, capsules, draps, meubles, glaces, verreries de Bohême, papier à cigarettes, d'emballage, etc., bois de construction, planches, quincaillerie, sucre, alcool, tissus en coton, en laine et en soie, etc.

Ces chiffres prouvent malheureusement une véritable décadence de notre commerce oriental. Au xviii° siècle nous n'avions pas de rivaux, non seulement en Syrie, mais dans tout l'Orient. Volney constatait que les draps français avaient fait tomber de plus de moitié ceux des Anglais, des Vénitiens et des Hollandais à Constantinople, et que dans les autres villes ils les avaient fait tomber presque totalement. Personne ne pouvait lutter avec nous de bon marché. Aujourd'hui les choses ont bien changé. Nous sommes toujours les premiers pour les objets de luxe, mais beaucoup d'autres nous dépassent pour les objets de grosse consommation. Encore les Autrichiens rivalisent-ils avec nous pour les premiers objets : leurs meubles, leurs cristaux, leurs tissus l'emportent bien souvent sur les nôtres. Nous ne savons plus nous accommoder au goût des pays avec lesquels nous devrions avoir des relations incessantes. Presque toutes les étoffes orientales viennent d'Angleterre. Que de fois ne m'est-il pas arrivé dans les bazars de Constantinople, du Caire ou de Beyrouth, de distinguer, sur une étoffe qu'on aurait crue tissée dans la plus brûlante contrée de l'Afrique ou de l'Asie, la marque d'une fabrique anglaise! Ainsi à Assouan, presque en Nubie, dans le plus pittoresque et le plus primitif des bazars arabes, j'ai failli acheter, pour la rapporter en France, une étoffe dont le dessin et la couleur avaient toute la fantaisie et tout l'éclat de l'Orient. Vingt personnes qui étaient avec moi s'y étaient trompées. Enfin l'une d'elles aperçut la marque de Manchester sous un repli que nous n'avions pas encore défait. Les Anglais fabriquent admirablement pour l'exportation; ils produisent des qualités médiocres et s'astreignent aux modes les plus regrettables au point de vue du goût; nous ne voulons laisser sortir de nos fabriques que des objets de première qualité. Il en résulte que nous ne pouvons plus nous adresser qu'à un public de choix, lequel diminue de plus en plus sur tous les points du globe. Au xviii° siècle nous habillions et nous coiffions toute la Syrie ; c'est nous qui faisions la galabié et le tarbouch des fellahs. Aujourd'hui l'Angleterre ou l'Autriche les font à notre place; nous ne nous assujettissons aux goûts locaux que pour les rossignols automates, les fleurs en carton-pierre et les boîtes à musique dans lesquels nous restons des maîtres inimitables.

Au reste, nous pouvons nous consoler de cette infériorité. Si nous ne fournissons plus à la Syrie les produits de notre industrie, c'est grâce à nous, c'est par nos leçons qu'elle commence à avoir elle-même une industrie. Nos filatures de soie répandues entre Beyrouth et l'Anti-Liban font vivre les villageois en leur assurant la vente des cocons qu'ils produisent; elles ont provoqué la création de filatures indigènes, qui, bien que fort imparfaites encore, arriveront sans doute un jour à égaler les nôtres. Pour l'agriculture, nous sommes encore les maîtres de la population syrienne. Quelques exploitations françaises servent déjà de modèles aux agriculteurs du pays. Si critiquable enfin que puisse être à quelques égards l'enseignement de nos congrégations, ses inconvénients ne sont rien, comparés à ses services. Peu à peu nous mettons entre les mains des Syriens des instruments incomplets à coup sûr, néanmoins suffisants, pour les préparer au rôle que l'avenir leur destine, il faut l'espérer. A la vue d'une ville aussi laborieuse, aussi prospère que Beyrouth, comment ne pas croire qu'elle est la capitale d'un monde naissant ou plutôt renaissant? Tous les progrès qui ont été accomplis dans ces dernières années sur cette terre féconde sont l'œuvre propre des Syriens, secondés par quelques congrégations et par quelques Français de bonne volonté. Il serait trop triste de penser que ces progrès ne les auront conduits qu'à une impasse; qu'arrivés au point où ils en sont, il ne leur sera plus possible d'avancer faute d'un terrain ouvert devant eux. Qui sait ce qui se prépare en Orient?

Qui sait ce qui sortira des mouvements désordonnés dont le monde arabe est agité? Mais si la Syrie a la sagesse d'éviter les mauvais exemples et de ne pas se laisser entraîner dans des aventures, le moment viendra où elle reprendra un grand essor. Ses admirables côtes se couvriront, comme au temps des Phéniciens, de ports et de villes; ses plaines et ses vallées, si prodigieusement fertiles, alimenteront son commerce renaissant; les cours d'eau qui descendent de ses montagnes feront marcher de nombreuses usines; ses intelligentes populations, oubliant les querelles religieuses dont les fruits sont toujours stériles, chercheront dans des luttes plus fécondes un aliment à leur inépuisable activité. Est-ce un rêve que je fais là? Non sans doute. L'état actuel de Beyrouth n'est pas seulement un témoignage des courageux efforts du passé, il est permis d'y voir encore un indice, une preuve de la réalisation certaine des promesses de l'avenir. Ce n'est point en vain que les Romains, frappés de sa merveilleuse situation, l'appelaient *felix*, l'heureuse.

Son honheur, qui s'est éclipsé longtemps, se manifestera de nouveau. Que de fois déjà ne s'est-elle pas transformée! La légende nous la montre tour à tour bâtie par Saturne et détruite par Typhon. Mais les triomphes de Typhon ne sont pas durables. Si le beau golfe de Beyrouth ne voit plus les murailles pittoresques et les fières tourelles des croisés se mirer dans ses eaux bleues parsemées de voiles blanches, il verra les nombreux étages des maisons commerçantes des Phéniciens couvrir ses quais. La poésie du moyen âge est finie; les splendeurs de l'antiquité peuvent recommencer.

LE LIBAN

Peu de contrées sont aussi populaires en France que le mont Liban, *Djebel Lubnan*. Bien des Français confondent la Syrie tout entière avec ce petit canton dont l'histoire a été si souvent mêlée à la nôtre, que nous la regardons presque comme en faisant partie. Mais si chacun de nous connaît les légendes héroïques du Liban, si les aventures de l'émir Béchir, si les péripéties des luttes sanglantes entre Druses et Maronites nous sont familières, il n'en résulte pas que nous nous fassions une idée très juste d'un pays pour lequel nous professons des sentiments d'amitié si profonde. Savons-nous même exactement de combien de races il est peuplé? Aux yeux de beaucoup de personnes, il n'y a dans le Liban que les Druses et les Maronites ; tous les chrétiens de Syrie sont confondus dans cette dernière nation. C'est là une erreur, contre laquelle j'ai entendu protester très énergiquement à Beyrouth. Comme je l'ai déjà raconté, je voyageais avec un jeune Libanais, né au village de Caferchima, qui appartenait à la communauté grecque catholique et qui m'avait fait faire à Alexandrie la connaissance de son patriarche. J'ai raconté également que ce patriarche était un homme de grand mérite dont le rôle au dernier concile n'avait point passé inaperçu. Grâce aux nombreuses recommandations qu'il avait bien voulu me donner pour les évêques et les personnages principaux de la communauté, j'ai pu voir de très près les Melchites ou Grecs catholiques, et, plus je les ai fréquentés, plus j'ai regretté qu'ils fussent aussi ignorés qu'ils le sont parmi nous. Les Maronites ont pour eux le nombre ; ils forment la majorité; de plus ils occupent le cœur même du Liban, le Kesrouan, en sorte que c'est surtout à eux qu'ont eu affaire les soldats et les diplomates français qui ont combattu tour à tour pour assurer les droits de la montagne. Ils sont d'ailleurs tout à fait dignes de l'estime qu'ils nous ont inspirée. Mais ce n'est point une raison pour oublier les autres catholiques qui ont souffert, à leurs côtés, les épreuves de la persécution et qui ont acquis des droits égaux à notre protection.

Lorsque les Arabes ont conquis la Syrie, la postérité du peuple vaincu n'a pas complètement disparu. Elle a conservé en même temps sa foi chrétienne et ses espérances nationales, la première servant de garantie aux secondes. Des débris des Grecs du bas-empire se sont formés trois peuples, ou plutôt trois catégories d'un même peuple : les Grecs proprement dits, vulgairement appelés par nous *schismatiques*, mais qui se nomment eux-mêmes *orthodoxes*, en vertu de cette bonne opinion de soi-même que tous les rites ont au même degré ; les Grecs unis à la communion de Rome ou Melchites, enfin les Maronites ou Grecs de la communauté du moine Maronn. Si j'écrivais ici une histoire, non un simple récit de voyage, j'expliquerais à travers quelle suite d'événements ces trois catégories très tranchées se sont constituées ; je raconterais les évolutions politiques et religieuses qu'elles ont parcourues ; mais tout cela est en dehors de mon sujet. Je tiens seulement à constater qu'il existe dans le Liban, ou du moins sur les frontières du Liban, outre les Maronites, une communauté catholique qui y a déjà joué et qui peut y jouer encore un rôle important. Les Grecs catholiques sont principalement établis dans le pays druse et sur les confins de la montagne, dans le Metten et près de la plaine de la B'kaa où ils se mêlent aux Métualis. Ils dominent dans la petite ville de Zhalé, qui est en quelque sorte leur capitale. On les retrouve encore à Balbech, à Damas, à Alep, et dans toutes les villes du littoral. Admirablement doués pour les affaires, ils sont les commerçants de la Syrie, dont les Maronites sont les agriculteurs. Quelque chose du génie phénicien semble être passé en eux.

Ils ont fondé des maisons à Marseille, à Liverpool, à Glascow, aux Indes; à Alexandrie une grande partie du commerce et de la banque est entre leurs mains; leurs comptoirs en Égypte s'étendent jusqu'à Kartoum, dans le Soudan. Dès le xviii° siècle, Volney avait signalé leurs qualités commerciales : « Les Grecs de la communion de Rome, bien moins nombreux que les schismatiques, sont tous retirés dans les villes, où ils exercent les arts et le négoce. La protection des *Francs* leur a valu, dans ce dernier genre, une supériorité marquée partout où il y a des comptoirs d'Europe. » Volney remarquait également que l'esprit des affaires n'avait point éteint en eux les goûts intellectuels. C'est dans leur couvent de Mar-Hanna, comme je l'ai raconté, qu'a été établie la première imprimerie arabe en Syrie; c'est le génie d'un des leurs qui a doté ce pays des premiers livres qu'il ait possédés. Les Grecs catholiques n'ont pas dégénéré. Ils sont aujourd'hui ce qu'ils étaient du temps de Volney. Le premier poète moderne de la Syrie, le cheik Nanssif-Yaziji, est sorti de leur communauté. Ils ont fourni à tout l'Orient arabe des écrivains excellents. J'ai rencontré parmi leurs évêques des hommes très distingués. M. Medawar, drogman du consulat français de Beyrouth, dont Lamartine a parlé avec éloge et qui est en effet un des esprits les plus cultivés de la Syrie, est grec catholique. Si cette petite communauté était favorisée, si ses goûts intellectuels étaient mieux dirigés, si ses aptitudes pour les affaires trouvaient suffisamment à s'exercer, il n'est pas douteux qu'elle contribuerait grandement à la régénération de la Syrie. Quoique la France ne s'en occupe guère, elle a pour nous un attachement dont j'ai été bien souvent touché. Des personnes qui revenaient du Hauran et qui y avaient visité sur la frontière du désert une petite paroisse grecque catholique, égarée parmi les Bédouins, m'ont raconté combien elles avaient été émues de rencontrer dans une contrée aussi sauvage une sorte d'oasis morale où le nom de la France était connu et aimé.

Il y a donc, sinon au cœur du Liban, du

moins sur sa frontière, des Grecs catholiques qu'il ne faut pas confondre avec les Maronites. Il y a aussi des Grecs orthodoxes ou schismatiques, suivant le point de vue où l'on se place, quelques Arméniens, quelques Syriens, des Métualis, des Musulmans, et, enfin, tout le monde le sait, des Druses. Comment un si grand nombre de peuples se sont concentrés dans une région aussi étroite, c'est ce qu'il serait trop long de raconter en détail. Qu'il me suffise de dire que l'admirable forteresse du Liban a été le refuge de toutes les races, de toutes les familles, de tous les individus qui ont voulu fuir le joug odieux des Turcs durant les siècles où ce joug s'appesantissait plus cruellement encore qu'aujourd'hui sur la malheureuse Syrie. Les premiers arrivés paraissent être les Maronites, ce qui justifie dans une certaine mesure les prétentions qu'ils affichent quelquefois d'être les vrais maîtres du Liban. Mais les Druses, plus énergiques et plus belliqueux, ont été longtemps les plus en vue. A la fin du XVIII° siècle ainsi qu'au commencement du nôtre, on appelait le Liban le pays des Druses, et, pour la plupart des Européens, la contrée leur appartenait presque exclusivement. L'histoire romanesque de leur émir Fakr-el-dîn, dont l'autorité s'étendait sur toute la montagne, avait singulièrement contribué à répandre cette erreur. A la vérité, les Druses n'étaient pas alors ce que la politique les a faits depuis. Jusqu'en 1840, loin de se montrer les ennemis des chrétiens, ils étaient leurs alliés les plus fidèles contre la Turquie. Désireux de s'attirer l'appui des puissances occidentales, ils répandaient avec plaisir la légende d'après laquelle ils auraient été formés d'une colonie de croisés français, qui se serait établie dans le Liban sous la conduite d'un comte de *Dreux*. Le fait est que leur origine est fort controversée. Les uns ont vu en eux les descendants de l'ancien peuple des *Mardes* ou *Mardaïtes*, originaire des pays au nord de la Caspienne, que les empereurs grecs transplantèrent au vii⁰ siècle dans les montagnes de la Syrie, et dont le nom a survécu dans celui de la forteresse de Mardin (l'ancienne Marde) en Mésopotamie; les autres les ont identifiés avec les Khazezmiens, peuplade persane qui se fixa en Égypte avec les califes fatimistes, et que les persécutions dont fut suivi le grand schisme musulman au ix⁰ siècle contraignirent à se réfugier dans le Hauran. Là, ils se seraient mêlés avec les débris des hordes de Kosroës, empruntant en partie leurs doctrines religieuses et passant avec elles dans le Liban pour chercher l'abri nécessaire à leur orageuse indépendance. Ce qu'il y a de sûr, c'est qu'arrivés dans la montagne, ils y vécurent en parfaite intelligence avec les chrétiens. « Il semblerait, dit encore Volney, que la différence de leurs cultes eût dû les rendre ennemis, mais l'intérêt pressant de leur sûreté commune les força de se tolérer mutuellement; ils se montrèrent constamment unis contre les Mamelouks et les Ottomans. » Enfermés dans les montagnes du Liban comme dans une citadelle naturelle, chrétiens et Druses réussirent à conserver une certaine autonomie au milieu de la servitude qui les entourait de toutes parts. Les chrétiens trouvaient dans la protection de la France un secours puissant;

Dès 1250, saint Louis, en reconnaissance des services que les Maronites lui avaient rendus pendant la croisade, leur octroya une charte par laquelle il s'engageait, lui et ses successeurs, à leur prêter aide et assistance en toute occasion, *comme aux Français eux-mêmes.* Quatre siècles plus tard, Louis XIV, par lettres patentes du 26 août 1649, déclarait « prendre sous sa protection et spéciale sauvegarde le *très révérend patriarche et tous les chrétiens maronites, ecclésiastiques et séculiers, lesquels habitent particulièrement le Liban* ». Loin d'être jaloux d'un pareil appui, les Druses en profitaient, car l'union des races du Liban était si intime que la liberté des uns assurait en même temps celle des autres. Aussi la montagne offrait-elle le spectacle d'une prospérité étonnante dont tous les voyageurs qui venaient de traverser les contrées ravagées de la Turquie étaient frappés. « Il semblerait, remarque Volney, que l'habitation des montagnes dût inspirer quelque dégoût; mais elles ont un avantage qui rend leur séjour préférable à celui des plus riches plaines, je veux dire la sécurité contre la vexation des Turcs. Cette sécurité a paru un bien si précieux aux habitants, qu'ils ont déployé une industrie que l'on chercherait vainement ailleurs. A force d'art et de travail, ils ont forcé un sol rocailleux à devenir fertile. Tantôt, pour profiter des eaux, ils les conduisent par mille détours sur les pentes, ou ils les arrêtent dans les vallons par des chaussées; tantôt ils soutiennent les terres prêtes à s'écrouler par des terrasses et des murailles. Presque toutes les montagnes, ainsi travaillées, présentent l'aspect d'un escalier ou d'un amphithéâtre, dont chaque gradin est un rang de vignes ou de mûriers. J'en ai compté sur une même pente jusqu'à cent et cent vingt, depuis le fond du vallon jusqu'au sommet de la colline; j'oubliais alors que j'étais en Turquie, ou si je me le rappelais, c'était pour sentir plus vivement combien est puissante l'influence même la plus légère de la liberté. »

Ailleurs Volney, parlant du nombre considérable des Druses : « La surface de leur pays étant de cent dix lieues carrées, il en résulte pour chaque lieue mille quatre-vingt-dix âmes; ce qui égale la population de nos meilleures provinces. Pour sentir combien est forte cette proportion, l'on observera que le sol est rude, qu'il reste encore beaucoup de sommets incultes, que l'on ne recueille pas en grains de quoi se nourrir trois mois par an, qu'il n'y a aucune manufacture, que toutes les exportations se bornent aux soies et aux cotons, dont la balance surpasse de bien peu l'entrée du blé du Hauran, des huiles de Palestine, du riz et du café que l'on tire de Beyrouth. D'où vient donc cette affluence d'hommes sur un si petit espace? Toute analyse faite, je n'en puis voir de cause que le rayon de liberté qui y luit. Là, à la différence du pays turc, chacun jouit, dans la sécurité, de sa propriété et de sa vie. Le paysan n'est pas plus aisé qu'ailleurs, mais il est tranquille, *il ne craint point*, comme je l'ai entendu dire plusieurs fois, *que l'aya, le caïmacan ou le pacha n'envoie des djeudis* (des gens de guerre) *piller la maison, enlever la famille, donner la bastonnade*, etc. Ces excès sont inouïs dans la montagne. La sécurité y a donc été un premier moyen de population, par l'attrait que tous les hommes trouvent à se multiplier partout où il y a de l'aisance. La frugalité de la nation, qui consomme peu en tout genre, a été un second moyen aussi puissant. Enfin un troisième est l'émigration d'une foule de familles chrétiennes qui désertent journellement les provinces turques pour venir s'établir dans le Liban ; elles y sont accueillies des Maronites par fraternité de religion, et des Druses par tolérance et par l'intérêt bien entendu de multiplier dans leur pays le nombre des cultivateurs, des consommateurs et des alliés. Tous vivent en paix. »

L'organisation politique du pays garantissait cette indépendance dont chrétiens et Druses profitaient également. Sans doute, la suzeraineté du sultan était reconnue en principe par tout le monde ; mais, dans la pratique, le gouvernement restait entre les mains d'un émir indigène nommé ou plutôt accepté par le gouvernement de Saint-Jean-d'Acre. Bien qu'il ne reposât sur aucun traité, ce privilège a duré des siècles, ce qui constituait un droit supérieur à tous ceux qui ressortent des traités. Le dernier des émirs indigènes, le célèbre émir Béchir, a laissé un souvenir dont on retrouve partout la trace. Descendant de l'antique famille des Cheab, il succéda dans le gouvernement de la montagne au dernier rejeton de la famille de Fakr-el-dîn. Son histoire est trop connue pour que je la raconte encore une fois. Tout le monde sait avec quelle hardiesse, quelle astuce, quelle persévérance il sut ressaisir sept ou huit fois un pouvoir que la Turquie cherchait sans cesse à lui arracher, avec quelle habileté, quelle fermeté, quel bonheur il sut l'exercer. Les adversaires de l'autonomie du Liban l'ont souvent accusé de cruauté; ils ont porté la même accusation contre Ibrahim Pacha, le fils de Méhémet-Ali, dont l'émir Béchir fut l'allié, plus ou moins louvoyant, tant que la domination égyptienne se maintint en Syrie. Il est bien clair que si l'on juge Ibrahim Pacha et l'émir Béchir d'après nos idées occidentales, le reproche qu'on leur adresse est justifié.

Mais peut-on appliquer aux Orientaux la même règle morale qu'à nous-mêmes ? Cruel ou non, Ibrahim Pacha a empêché la tyrannie turque de reparaître dans le Liban. C'est de ses victoires que date l'émancipation définitive des chrétiens de Syrie. S'il eût réussi à s'implanter dans cette contrée, toutes les divisions, toutes les catastrophes, tous les massacres qui l'ont ensanglantée par la suite, ne s'y seraient pas produits. Le gouvernement de l'émir Béchir, auquel il prêtait son appui, était, à coup sûr, le meilleur que le Liban pût avoir.

On doit regretter que cet émir n'y ait pas fondé une dynastie nationale capable d'y jouer le rôle que la dynastie de Méhémet-Ali a joué en Égypte. Tant qu'a duré son pouvoir, les querelles religieuses qui sont venues depuis n'existaient même pas en germe. Les divers clergés, dont l'esprit d'intrigue a soulevé tant de crises, étaient maintenus dans une subordination politique, grâce à laquelle il leur était impossible d'allumer les uns contre les autres des guerres violentes. Avec un tact supérieur, l'émir Béchir s'était placé en dehors et au-dessus des cultes du Liban : il les protégeait tous, mais il n'accordait d'autorité à aucun. Pour tenir entre eux la balance parfaitement égale, il n'avait voulu appartenir à aucun, ou plutôt, ce qui était une plus grande preuve de sagesse encore, il avait voulu appartenir à tous à la fois. Musulman pour les musulmans, druse pour les druses, chrétien pour les chrétiens, sa conscience était faite à l'image du pays qu'il gouvernait. M. Poujoulat a raconté, dans son *Voyage dans l'Asie-Mineure et en Syrie*, une anecdote qui peint admirablement la politique religieuse de l'émir Béchir : « L'an dernier, un Maronite et un Musulman partirent ensemble de leur village pour aller porter à l'émir Béchir leur récolte d'olives. Chemin faisant, ils s'entretenaient de l'énormité des impôts qui pèsent sur eux. Le Maronite et le Musulman étaient jusque-là parfaitement d'accord, mais leur avis fut bien différent lorsqu'ils abordèrent le chapitre de la religion de l'émir. — Quoique le prince soit chrétien, dit le Maronite, il ne traite pas mieux les enfants de l'Évangile que les sectateurs de Mahomet. — Dans quel pays de la terre as-tu pu voir, répondit le Mahométan avec un air superbe, un giaour chef des Musulmans ? Tant que le soleil brillera au ciel, que la mer ne sera pas desséchée et que la chaîne du Liban ne changera pas de place, on ne pourra voir une chose semblable : l'émir Béchir est musulman! Personne n'observe le jeûne du Ramadan avec plus de dévotion que le prince de la Montagne. Ne lui as-tu pas entendu prononcer souvent ces divines paroles qui renferment le dogme fondamental de notre foi : *La illa illalah, Mohammed ressou Allah* (Dieu seul est Dieu, et Mahomet est son prophète)? — Tu mens ! dit le Maronite indigné, l'émir Béchir est chrétien! il appartient, comme tous les Maronites, à la sainte Église catholique, apostolique et romaine. J'ai vu le prince assistant, dans la chapelle de son palais, au divin sacrifice de la messe. — Le Musulman offensé donna un grand coup de bâton sur la tête du Maronite ; celui-ci prit son adversaire par la gorge et l'aurait tué sans un druse qui arriva vers eux au moment du combat. Il les sépara. — Quel est le sujet de votre querelle ? demanda le Druse. — On lui dit ce qui venait de se passer. — Vous êtes fous tous les deux, répliqua le Druse avec un sourire de pitié : l'émir Béchir n'a pas d'autre religion que celle des Druses ; on ne trouverait pas dans tout le Liban, ni chez nos frères du Hauran, un *okkal* (initié) plus instruit que le prince de la Montagne dans la connaissance des mystères de notre culte. — Les trois montagnards convinrent d'aller demander au premier secrétaire de l'émir quelle était la véritable religion de celui-ci. Lorsque le premier secrétaire eut entendu les trois montagnards, il ordonna à son cawass de les saisir et d'administrer à chacun d'eux cent coups de bâton sur la plante des pieds. Le Musulman, le Maronite et le Druse furent prévenus ensuite qu'on les pendrait à la porte de leur cabane, s'ils se permettaient encore une fois de parler de la religion du prince de la Montagne. »

Vraie ou fausse, cette histoire ne prouve-t-elle pas combien la politique de l'émir Béchir était habile, sage, j'ajouterai humaine ? S'il s'était établi dans le Liban une dynastie ayant pour tradition de faire administrer cent coups de bâton, et au besoin de faire pendre tout individu coupable d'avoir soulevé une querelle religieuse, combien de milliers d'existences qui ont péri dans d'affreux massacres auraient été épargnées ! Par malheur, il suffisait que cette dynastie fût soutenue par la France pour que l'Angleterre s'empressât de la combattre. Ce n'est pas ici le lieu de discuter les événements de 1840, ni de montrer combien la manière dont ils ont tourné a été fatale à l'Orient et à l'Europe. On a longtemps répété que M. Thiers avait eu tort d'essayer d'arracher l'Égypte et la Syrie à la Turquie ; chez nous même, on a traité de folie une tentative qui aurait sauvé l'Orient, si l'Angleterre ne l'avait pas fait échouer. Je laisse de côté l'Égypte et le reste de la Syrie. Mais n'est-il pas évident que rien n'était mieux approprié au Liban qu'un gouvernement indigène, tolérant, qui semblait en quelque sorte sortir des entrailles du pays et être le produit de son histoire ?

Replacer une contrée jouissant depuis des siècles de l'indépendance que je viens de décrire, sous le despotisme de la Turquie, eût été un véritable crime contre la civilisation, la liberté et l'humanité. C'est cependant le but que s'était d'abord proposé l'Angleterre. Elle le poursuivait par des moyens diplomatiques. Plus brutale, la Turquie a cherché à l'atteindre par des moyens sanglants. Toutes les révolutions qui ont dévasté le Liban sont son œuvre. Les malheureux Druses n'ont été que ses instruments et ses victimes. C'est elle qui les a lancés plusieurs fois contre les chrétiens, et chaque fois c'est elle, lorsque l'heure de la répression est venue, qui en a fait cruellement retomber le poids sur eux. L'antique paix du Liban a été pour la première fois troublée en 1840. De cette première épreuve les Druses sont sortis dans un tel état de misère que l'auteur très catholique que je citais tout à l'heure ne pouvait s'empêcher de déplorer les infortunes d'une nation qui ne s'offrait plus aux voyageurs que comme de vivants débris attestant une terrible vengeance. « Avant leurs malheurs, ajoutait-il, les Druses pouvaient mettre facilement trente mille hommes sous les armes, et leur population s'élevait à plus de cent cinquante mille habitants. Aujourd'hui, ce pauvre peuple, hommes, femmes, enfants, forme tout au plus une population de soixante mille âmes, population douce et tremblante sous la main qui l'opprime. » Et ce n'était là qu'un commencement de décadence ! Malgré les efforts de l'Angleterre pour établir au Liban l'autorité directe de la Porte, un projet aussi condamnable ayant échoué devant les résistances des autres puissances, la Turquie ne renonça point à fomenter dans le pays des désordres qui tôt ou tard, à ce qu'elle croyait, lui permettraient d'intervenir souverainement et d'imposer son joug aux populations. Il faut avouer qu'elle trouvait devant elle des éléments de discorde qui favorisaient singulièrement ses desseins. L'autorité de l'émir Béchir, garantie de la paix des différents cultes, ayant été brisée, les intrigues sacerdotales, les entreprises des communautés les unes contre les autres, les conflits d'intérêt déguisés sous des conflits de croyance, déchaînèrent dans la montagne une véritable anarchie. Jusqu'à cette époque les Druses n'avaient point été intolérants; on sait que leur doctrine leur permet de s'accommoder de toutes les formes religieuses, et que lorsqu'ils se trouvent avec des Musulmans ils n'hésitent pas à prier dans les mosquées, de même que lorsqu'ils se trouvent au milieu des chrétiens ils suivent sans scrupule les offices de nos églises. « Toute nation qui influe sur vous et vous gouverne, dit un de leurs livres saints, soumettez-vous à sa religion, mais conservez-moi dans votre cœur. *Coul omatin takoa alaikoni tihouha, onahfazoni fi olobocom.* » Ils avaient donc fort peu de peine à vivre en bonne intelligence avec les chrétiens. Mais ceux-ci, délivrés du frein de l'émir Béchir, n'étant maintenus par aucune autorité reconnue de tous, étaient devenus fort agressifs. L'esprit envahissant et tracassier du clergé, qui s'était emparé d'une partie de l'autorité politique, devenait de jour en jour intolérable :

on se rappelle jusqu'où l'évêque Tobie poussait le fanatisme et quel genre de charité ce prélat du moyen âge prêchait à ses diocésains. Provoqués de toutes parts, les Druses auraient eu besoin d'être soutenus. Au lieu de cela, les fonctionnaires turcs les excitaient sans cesse à la vengeance. Ce qui s'ensuivit, tout le monde le sait. D'horribles massacres firent couler dans le Liban des torrents de sang. C'était ce que la Turquie attendait pour intervenir. Fuad Pacha courut en Syrie espérant noyer la liberté de la montagne dans le sang des chrétiens massacrés et des Druses fusillés en punition de leurs crimes. Sans la France, il réussissait : notre armée mit bon ordre à son entreprise. Le souvenir de la répression et des négociations qui l'accompagnèrent est présent à toutes les mémoires ; le règlement du Liban fut élaboré ; mais les malheureux Druses payèrent chèrement la faute qu'on leur avait fait commettre. C'est aujourd'hui surtout qu'ils n'offrent plus que les « débris vivants » d'une nation. Beaucoup d'entre eux ont fui la montagne et se sont transportés dans le Hauran pour échapper à une situation devenue trop humiliante. Si l'on se rappelle ce qu'ils étaient il y a cinquante ans, si on compare cet état à leur état actuel, il est impossible de ne pas trouver que ce sont eux qui ont le plus perdu à la rupture de la paix et de l'union d'autrefois. Ils n'ont gagné en échange que la protection de l'Angleterre ; mais, à en juger par les effets, cette protection leur a cruellement porté malheur.

Quoi qu'il en soit, à la suite des massacres de 1860, une commission internationale réunie à Beyrouth prépara péniblement un règlement organique pour le Liban. Appliqué à titre d'essai et revisé trois ans après, il a été promulgué par la Porte en 1864 sous la garantie des cinq grandes puissances signataires du traité de Paris. D'après ce statut, le Liban ne fait partie d'aucun villayet ; il forme une circonscription hors cadre, un mutegarriflik particulier qu'administre un gouverneur chrétien ayant le grade de muchir, nommé par la Porte et relevant d'elle directement. Le gouverneur demeure officiellement au palais de Beit-el-Din (la maison de la religion) à Deir-el-Kamar, l'ancienne résidence de l'émir Béchir, mais en réalité il passe une grande partie de l'hiver à Beyrouth, et comme cette ville ne fait pas partie du Liban, le siège officiel du gouvernement est alors dans un village voisin, Hadath. Son pouvoir est beaucoup plus étendu que celui des valis. Investi de toutes les attributions de l'autorité exécutive, il veille au maintien de l'ordre et de la sécurité dans la montagne, nomme, sous sa responsabilité, tous les agents administratifs, ainsi que les juges des tribunaux, perçoit les impôts, et procure l'exécution de toutes les sentences judiciaires. Le mutegarriflik est divisé en sept arrondissements ou mudirats, administré par un sous-gouverneur que nomme le gouverneur, mais qu'il doit choisir dans la religion ou le rite dominant. Les mudirats sont partagés en cantons à la tête desquels sont les agents nommés également par le gouverneur. Les cantons se subdivisent en villages qu'administrent des cheiks nommés par la population. Près du gouverneur siège un medjliss, ou conseil administratif central, chargé de répartir l'impôt, de contrôler les dépenses et de donner son avis sur toutes les questions qui lui sont soumises par le gouverneur. Le medjliss est composé de douze membres nommés par les mudirats et renouvelés par tiers tous les deux ans. La justice est rendue dans les villages par les cheiks, qui remplissent les fonctions de juge de paix. Au-dessus d'eux sont trois tribunaux de première instance, composés d'un juge de la nationalité qui est en majorité dans chaque district, d'un suppléant de la deuxième nation en majorité et d'un écrivain de la troisième. On va en appel devant le medjliss judiciaire supérieur, qui siège à côté du gouverneur et qui est composé de six juges : un Druse, un Maronite, un Grec catholique, un Grec orthodoxe, un Métuali, un Musulman; le président est Maronite. Le maintien de l'ordre et l'exécution des lois sont assurés au moyen d'une milice qui garde le pays; mais qui ne saurait être appelée à combattre au dehors. Cette milice est composée de huit cents hommes et de quatre cents zaptiés ou gendarmes. Les miliciens reçoivent vingt-cinq francs de solde par mois, ils doivent s'habiller eux-mêmes; les zaptiés ne reçoivent que vingt francs.

Ce règlement qui a valu au Liban vingt années de calme et de liberté relative a cependant un défaut capital : c'est la nomination du gouverneur. Pour garantir d'une manière certaine la paix et l'indépendance du pays, il aurait fallu respecter la tradition séculaire d'après laquelle le gouverneur de la montagne était un indigène. L'histoire ne montrait-elle pas que la montagne avait joui d'une prospérité sans exemple dans le reste de la Turquie sous le gouvernement de ses chefs locaux, tandis qu'elle avait été ruinée par d'abominables catastrophes dès qu'on l'avait replacée sous l'autorité même mitigée de la Porte? La France aurait donc voulu qu'on renouât la chaîne des traditions en donnant au Liban un gouverneur libanais. Mais l'Angleterre, cédant une fois encore à cette politique étroite, jalouse, peu généreuse qu'elle n'a que trop souvent pratiquée en Orient, soutint les résistances de la Porte et parvint à les faire triompher. On s'explique sans peine l'intérêt de la Turquie à choisir à son gré, en dehors des indigènes, le gouverneur du Liban. Pour elle ce gouverneur est un agent chargé de battre en brèche le règlement, de le compromettre de toutes les manières, de l'annuler si c'est possible, et, puisque les Druses ne sont plus disposés à recommencer de nouvelles révolutions, de travailler par le despotisme administratif du gouverneur à préparer le rétablissement du despotisme politique de la Turquie. Mille causes, par malheur, secondent ces projets. L'autorité d'un gouverneur transitoire, et dont son origine fait un ennemi, ne saurait s'imposer aux divers clergés toujours portés à se lancer dans des agitations nouvelles. C'est en vain que le règlement organique a établi un certain équilibre entre les diverses communautés, chacune d'elles travaille constamment à détruire cet équilibre à son profit et au détriment de ses rivales. Ces intrigues fournissent au gouverneur, qui les fomente et qui les exploite de son mieux, d'incessants prétextes pour empiéter sur les libertés de chacun au nom de ce qu'il représente comme l'intérêt de tous. Il est chargé de la police, il supporte la responsabilité de l'ordre, il sanctionne et exécute les sentences des tribunaux. A chaque instant, ses pouvoirs multiples lui permettent d'augmenter ses attributions aux dépens de celles des magistrats ou des membres du medjliss. Les Orientaux n'ont pas encore compris que les droits et les privilèges qui leur sont accordés impliquent des devoirs, et que le premier de ces devoirs est le respect des droits et de l'autorité des autres. Chrétiens et musulmans possèdent ce défaut à un égal degré. En Syrie et au Liban comme ailleurs, toute affaire, petite ou grande, n'est pas considérée pour ce qu'elle vaut en elle-même, mais au point de vue des intérêts et des passions des communautés qu'elle concerne. C'est un champ de bataille sur lequel se livrent de continuelles luttes d'influence. Or tous les fonctionnaires, tous les employés, tous les magistrats appartenant à la province où ils exercent leurs attributions, sont portés à épouser dans toutes les questions administratives ou judiciaires la cause de leurs parents, de leurs amis, de leurs coreligionnaires. Si l'arbitre souverain de tous ces innombrables conflits était un étranger désintéressé, on ne pourrait que s'en féliciter. Mais si le gouverneur n'a aucun intérêt à la prospérité d'une communauté quelconque, il en a moins encore à la prospérité du pays. Il y a été envoyé pour en miner la constitution, pour en détruire l'autonomie. A quoi lui servirait de prêcher la concorde et d'étouffer les dissentiments religieux dans leur germe? Les Libanais lui en sauraient probablement peu de gré, et certainement la Porte ne le lui pardonnerait pas. Son séjour au Liban ne saurait être de longue durée, car il est impossible qu'il ne mécontente pas rapidement une des grandes puissances protectrices de la contrée et que son changement ne soit pas réclamé à Constantinople. A quoi bon dès lors se créer des amis, des alliés, des partisans? L'intérêt du gouverneur est ailleurs. C'est en servant la politique turque, non la politique libanaise, qu'il lui est permis d'espérer des avantages personnels dont tout homme, si désintéressé qu'il soit, ne saurait s'empêcher de faire l'un des principaux mobiles de sa conduite.

Le Liban a déjà eu trois gouverneurs depuis la promulgation du règlement. Le premier, Daoud Pacha, est le seul qui ait pris réellement son rôle au sérieux et qui se soit regardé comme le défenseur des droits de la montagne. Par malheur, il arrivait trop tôt; les souvenirs des massacres étaient encore trop vifs, les passions trop surexcitées pour qu'un étranger sans autorité dans le pays pût imposer à tout le monde le respect de la paix. L'autorité dont il était dépourvu par lui-même, Daoud Pacha ne la recevait pas de la Porte, au contraire. Fuad Pacha, qui avait rêvé de jouer personnellement un grand rôle en Syrie, n'épargnait rien pour faire échouer la mission plus modeste du gouverneur du Liban. Dès les débuts de son administration, celui-ci fut également battu en brèche par la Porte, par le clergé indigène et par le parti turbulent de Joseph Karam. Pour venir à bout de pareilles difficultés, une énergie supérieure eût été nécessaire. Daoud Pacha succomba sous le poids de sa tâche. Il avait demandé pour le Liban, Saïda, Tripoli et Beyrouth, c'est-à-dire les débouchés sur la mer sans lesquels la montagne étouffe dans des limites trop étroites. Cette manière de comprendre son rôle n'était pas de nature à lui valoir le secours de Constantinople contre les menées imprudentes des Libanais. Bientôt le malheureux Daoud Pacha se vit contraint de donner sa démission. Il rentra à Constantinople, où il devint plus tard ministre des travaux publics. Compromis dans des opérations financières malencontreuses, il se retira en Suisse, où il est mort, laissant quelques regrets aux Libanais qui ont appris, par ses successeurs, à le mieux juger qu'ils ne l'avaient fait sous son administration. Franco Pacha, originaire d'Alep, le remplaça ; il avait promis, dit-on, au sultan Abdul-Aziz de détruire le règlement organique. Pour commencer, il céda au villayet de Damas une partie de la plaine de la B'kaa, *El Bocak*, que Daoud

Pacha avait conservé au Liban. De naturel fort dévot, il éprouva des troubles de conscience assez vifs lorsqu'il fut chargé, au début du schisme des Arméniens catholiques, de déposséder les moines du couvent de Bésimmar au profit de leurs adversaires. Il paraît qu'il est mort dans les remords pour cet acte qui lui avait profondément répugné. Rustem Pacha, son successeur, est un homme d'un tout autre caractère. Je serais fort surpris qu'il fût dévot. Le moment n'est pas encore venu de juger l'ensemble de son administration. Très autoritaire, très impérieux même par tempérament, impatient de toute opposition, il a excité contre lui les violentes colères des Maronites en expulsant un de leurs évêques, dont le gouvernement français a dû exiger le retour dans son diocèse. On l'accuse de tenir peu de compte des prescriptions du règlement. Sans doute il ne les viole pas ouvertement. Mais, convaincu que lui seul peut faire régner la paix dans ce pays, il pousse jusqu'au bout ses propres droits, et n'a qu'un souci médiocre de ceux du Medhir central et des tribunaux. Dans ses moments de mauvaise humeur, on l'a entendu parfois menacer de faire entrer les troupes turques dans la montagne pour y rétablir l'ordre qui n'y était pas troublé. Aussi est-il fort impopulaire, ce dont peut-être il ne se tourmente guère, ayant à un très haut degré l'orgueil du gouvernement et toute confiance dans sa supériorité personnelle sur ceux qui l'entourent et qui pensent autrement que lui.

Rien ne prouve donc que le règlement organique de 1864 ait résolu d'une manière définitive la question du Liban, une des plus délicates de celles qui composent le grand problème oriental. Tout ce qu'on est en droit de dire, c'est qu'en dépit de ses imperfections il a déjà procuré à la montagne une longue paix, pendant laquelle les plaies des anciennes luttes ont été pansées. Mais si l'état politique du Liban peut être l'objet d'observations pleines d'intérêt, l'état social de cette curieuse contrée mérite encore plus d'attirer l'attention. Dès qu'on met le pied dans la montagne, on se sent transporté en plein moyen âge, dans une société à la fois féodale et sacerdotale comme il n'en existe plus sur aucun autre point du monde. Partout s'élèvent des couvents bondés de moines ; la plus grande partie des propriétés sont des biens de mainmorte ; le clergé séculier n'est pas moins nombreux que le clergé régulier ; les évêques des différents rites foisonnent ; on ne saurait faire un pas sans en rencontrer. Il semble qu'en Syrie tous les ruisseaux soient des fleuves, car presque tous se jettent directement en effet dans les mers, et qu'au Liban tous les prêtres soient des évêques. De même toutes les maisons sont des palais et presque tous les chevaliers que l'on rencontre des princes. Mais on ne sait ce qu'il faut penser des princes de la montagne ; un dicton populaire les désigne sous le nom de *princes d'olives et de fromage*, ce qui veut dire qu'ils sont pauvres comme des paysans. Cela ne les empêche pas d'avoir une influence sociale considérable. Quand on voit de près les émirs de la montagne, ils ne répondent guère à l'idée poétique qu'on s'en fait de loin. Mais cette idée n'est pas aussi fausse qu'on serait tenté de le croire. Je me souviens toujours du sérieux avec lequel mon compagnon de voyage me montrait dans chaque village des masures lamentablement délabrées qu'il me désignait comme les palais de tels et tels émirs. J'avais beau rire de ces grands noms appliqués à des choses et à des gens si petits, tout est relatif. A force de se croire un pays, le Liban, qui n'a que quelques milliers de mètres carrés, a fini par persuader à l'Europe qu'il l'était en effet. Dès lors il l'est devenu. De même qu'il y a bien peu de nos rivières qui ne soient pas aussi grosses que les fleuves de Syrie, il y a bien peu de nos cures qui ne soient pas plus étendues que les principaux diocèses du Liban ; néanmoins ses évêques sont de vrais évêques ; s'ils ont à peine quelques fidèles à diriger, ceux-ci font tant de bruit que l'univers entier sait qu'ils existent et que leurs querelles de clocher ont plus occupé la diplomatie européenne que les intérêts de très grandes nations. Dans ses dimensions restreintes, le Liban a trop d'originalité, trop de vie, trop de couleur, pour qu'on ait le droit de le dédaigner. Ce lambeau des siècles passés, égaré dans notre siècle, y tient une place énorme moralement sinon matériellement. C'est un monde en miniature; mais c'est un monde complet, chose assez rare pour être digne de quelque admiration.

Dès qu'on s'approche de la montagne on éprouve cette impression de surprise que ressentait déjà Volney à la vue d'une contrée qui, bien que située au centre de la Turquie, est si différente du reste de l'empire ottoman. La première chose qu'on aperçoive, c'est un poste de la milice où quelques soldats, parfaitement équipés, montent la garde. Ils n'ont point l'air belliqueux des Turcs ; mais, en revanche leurs uniformes sont de bonne qualité, leurs armes très bien fourbies, leurs physionomies respirent la bonne humeur et la bonne santé. Quand on arrive de Jérusalem ou de Damas, et qu'on a rencontré de malheureux régiments turcs munis de mauvais fusils, vêtus de sales guenilles, sans souliers, presque sans pantalons, n'ayant que des lambeaux de tunique, le contraste est frappant. Les soldats tures sont maigres, décharnés comme des gens qui meurent à moitié de faim. Les miliciens du Liban ressemblent à des bourgeois costumés en militaires, à de véritables gardes nationaux auxquels il ne manque rien. J'ai eu l'honneur et le plaisir de passer en revue la milice du Liban. J'étais allé voir Rustem Pacha dans sa résidence d'été de Hadath. Au moment où je m'apprêtais à m'en aller, son premier secrétaire me demanda si j'avais vu la milice, et, sur ma réponse négative, il me pria d'attendre quelques instants afin qu'on pût me la montrer. Aussitôt des courriers partirent dans tous les sens pour convoquer les miliciens. Je me promenais, avec le secrétaire de Rustem Pacha, sur une grande terrasse d'où l'on jouit d'une vue admirable. La plaine de Beyrouth, la ville, la mer s'étendaient à mes pieds, mais il m'était impossible de m'arrêter à ce spectacle, si séduisant qu'il fût. A chaque instant, je voyais descendre de la montagne, à travers les rochers et les massifs de verdure, des groupes de miliciens qui arrivaient à la hâte en rattachant leur uniforme, en bouclant leur ceinturon, en rajustant leur toilette encore dépareillée. On les avait pris à l'improviste, car ce n'était pas l'heure de la manœuvre. Ils semblaient surgir de chaque repli de terrain. C'était une scène pittoresque et charmante de les regarder apparaître ainsi, se grouper sur l'esplanade où je les attendais, s'organiser lentement en compagnies et en bataillons. La musique, dégringolant à travers d'invraisemblables sentiers, fut bientôt au rendez-vous. C'est avec une vive satisfaction que je l'entendis entonner à la diable les fanfares françaises. La milice du Liban a été organisée par nos officiers sur le modèle d'un de nos régiments de 1861. La musique la précède ; puis viennent les sapeurs aux haches menaçantes et aux larges tabliers de cuir; enfin défilent les compagnies en fort bon ordre et avec une attitude très suffisamment martiale, quoiqu'elle ne rappelle guère celle des paysans de la montagne que Volney avait vus s'armer pour une guerre de partisans. Tout en contemplant la brave milice qui me donnait cette petite fête militaire, je ne pouvais m'empêcher de penser à la description qu'il nous en a laissée. Il avait assisté à un soulèvement de montagnards décidé subitement par l'émir et les cheiks de Deir-el-Kamar. Le soir, à la tombée de la nuit, des crieurs étaient montés sur le sommet de la montagne, et de là ils avaient crié à haute voix : « A la guerre! à la guerre! prenez le fusil, prenez les pistolets ; nobles, cheiks, montez à cheval ; armez-vous de la lance et du sabre ; rendez-vous demain à Deir-el-Kamar. Zèle de Dieu! Zèle des combats! » Cet appel répété de hauteurs en hauteurs, passant à travers les villages, atteignit en peu d'heures jusqu'aux frontières. « Dans le silence de la nuit, dit Volney, l'accent des cris et le long retentissement des échos joints à la nature du sujet, avait quelque chose d'imposant et de terrible. Trois jours après, il y avait quinze mille fusils à Deir-el-Kamar, et l'on put entamer sur-le-champ les opérations. L'on conçoit aisément que des troupes de ce genre ne ressemblent en rien à notre militaire d'Europe : elles n'ont ni uniformes, ni ordonnance, ni distributions ; c'est un attroupement de paysans en casaque courte, les jambes nues et le fusil à la main. » La convocation de la milice du Liban, dont j'ai été témoin, n'avait rien d'aussi sinistre ; elle s'est faite au grand soleil, non en trois jours, mais en quelques minutes. Au lieu de paysans en casaque courte, les jambes nues et le fusil à la main, ce sont des hommes fort bien chaussés et bien vêtus qui ont défilé devant moi. Je dois reconnaître d'ailleurs que je n'avais rien de mon côté qui fût approprié à une scène aussi romanesque que celle dont Volney a parlé. Ma jaquette de voyage et mon chapeau casque auraient fort mal figuré dans un soulèvement fantastique. Mais si l'organisation de la milice du Liban répond à la vulgarité toute moderne du règlement politique actuel de la montagne, il n'en est pas moins vrai que cette milice est excellente, que les manœuvres s'y font avec une précision remarquable, que les troupes qui la composent s'acquittent à merveille de la mission de police intérieure qui leur est confiée, et qui rend absolument inutile l'appel des

Turcs dans la montagne pour y faire régner la paix.

Au reste, on ne connaît pas le Liban lorsqu'on se borne à visiter son gouverneur, à passer en revue sa milice, à lire les nombreux ouvrages et les innombrables documents diplomatiques qui lui ont été consacrés. Il faut pénétrer dans la montagne, il faut aller vivre dans les couvents pour s'initier aux mœurs des populations qui l'habitent. C'est là que se retrouvent, comme au moyen âge, la domination du prêtre et le pouvoir des hobereaux. Presque sur chaque cime s'élève une grande maison entourée de jardins et de cultures dont la poétique situation charme de loin le regard du voyageur. Quand on s'approche, on se trouve en présence de moines occupés à cultiver la terre ou à errer lentement sur les terrasses de la montagne, en rêvant peut-être à l'éternité, mais certainement aussi à ce monde inférieur où ils tiennent la première place. Les Maronites forment, on le sait, une communauté particulière qui, bien que rattachée à l'Église de Rome, a pour langue liturgique le syriaque.

Leur organisation est réglée par un statut connu sous le nom de « Synode libanais » qui a été imprimé à Rome par les soins de la Propagande. A la tête de l'Église est un patriarche (*batrak*) du titre d'Antioche. Il n'est point le seul, d'ailleurs, qui porte ce titre. Plusieurs patriarches de communautés différentes ont également la prétention d'être assis, — théologiquement, — sur le siège d'Antioche. Il est de règle dans le catholicisme qu'il ne puisse y avoir qu'un titulaire pour chaque siège. Néanmoins la cour de Rome, pratiquant une politique de conciliation assez semblable à celle de l'émir Béchir, a reconnu comme titulaires d'Antioche, tous les patriarches qui ont bien voulu, à cette condition, se soumettre à son autorité. Chacun d'eux, naturellement, regarde ses rivaux comme des intrus. Mais qu'importe! Pourvu qu'ils tiennent tous, tant bien que mal, sur le siège qu'ils se disputent, il serait fort maladroit de les en chasser. Le patriarche maronite est assisté de huit archevêques ou évêques diocésiens, à Alep, Beyrouth, Damas, Tyr et Saïda,

Tripoli, Bâalbeck, Djebaïl et Botri, Chypre. La plupart d'entre eux ne résident pas plus dans la ville où ils ont leur siège que le patriarche lui-même ne réside à Antioche; ils habitent différents monastères dans la montagne. Si l'on ajoute à ces huit prélats les deux vicaires généraux du patriarcat, on aura la liste de tout l'épiscopat maronite. Les Melchites ou Grecs unis sont moins nombreux. Leur patriarche réside alternativement à Damas et à Alexandrie. Ils ont des évêques à Beyrouth, à Bâalbeck, etc. Ils célèbrent d'après le rite grec; toutefois leur litanie est arabe. Le clergé inférieur des deux communautés se compose de curés, en général très pauvres, et de religieux qui font valoir eux-mêmes les propriétés de leurs couvents. On sait que les curés peuvent être mariés; néanmoins cette licence souffre quelques restrictions. Il est permis de consacrer un homme marié; mais un prêtre n'a plus le droit de renoncer au célibat; s'il n'est pas marié au moment de son ordination, le mariage lui est interdit pour toujours; s'il devient veuf, il lui est défendu de convoler en secondes noces. Aussi le nombre des curés mariés diminue-t-il de jour en jour. Les moines, qui sont tous célibataires, sont néanmoins beaucoup plus nombreux que le clergé régulier, ce qui s'explique sans peine. Dans un pays comme le Liban où la plupart des propriétés sont entre les mains des couvents, où l'industrie existe à peine, où les fonctions publiques sont inabordables, il ne reste guère à un jeune homme qui a reçu quelque instruction d'autre ressource que d'entrer dans les ordres monastiques. Jadis il y trouvait un refuge contre la barbarie des Turcs, et quoiqu'il y menât une vie des plus frugales, sa condition était encore supérieure à celle des paysans. Cette situation n'a pas changé beaucoup aujourd'hui. Les couvents de la montagne sont le meilleur asile de quiconque veut rester dans le pays et y avoir une existence tolérable. Même les membres des familles princières, s'ils n'ont ni terre ni maison, se voient fatalement condamnés à embrasser la carrière religieuse. L'ambition les y pousse autant que l'intérêt.

Tout ce qu'il y a d'autorité parmi les indigènes appartient aux évêques; et les évêques ne sont pas choisis comme ils le sont généralement chez nous, parmi les curés, mais parmi les moines. Le patriarche les nomme sur une liste de trois candidats élus par le clergé et les notables. Quant au patriarche lui-même, il est choisi au scrutin par les évêques et confirmé par le saint-siège. Cette organisation assure des avantages précieux aux ordres monastiques. On doit reconnaître d'ailleurs qu'ils les méritent. Le clergé régulier est d'une ignorance profonde; les moines ont toujours fait d'assez grands efforts pour s'élever à une instruction plus développée. J'ai montré déjà que les premiers livres imprimés en arabe qu'ait connus la Syrie sortaient des couvents grecs catholiques. Les Maronites ont contribué beaucoup à l'étude des langues orientales. Dès 1584, ils avaient fondé à Rome un séminaire qui a été illustré par un savant de premier ordre, Assemani, et par des hommes fort distingués tels que Faustus Neron, H. Echellenes, G. Sionite, J. Hesronite, etc., etc. Ces trois derniers s'étaient même établis à Paris où ils ont enseigné les langues orientales. Louis XIV leur avait accordé le titre de drogmans royaux. L'habile politique qui nouait des relations constantes entre la France et l'Orient n'avait pas seulement contribué au succès de nos intérêts matériels; elle nous avait préparés à devenir, ce que nous avons été quelquefois et ce que nous ne sommes plus, les maîtres des études orientales.

Il est naturel qu'un clergé ainsi organisé et qui possède une puissance matérielle aussi considérable, ait un caractère plus libre, plus entreprenant, plus turbulent même que les clergés occidentaux. Les Maronites et les Grecs unis tiennent beaucoup à leurs franchises et à leurs privilèges; soumis à la cour de Rome, à laquelle ils prétendent même n'avoir jamais été infidèles, ils n'en ont pas moins conservé leurs rites, leurs liturgies, leurs usages spéciaux, et rien ne les déciderait à en faire le sacrifice. C'est pour eux un point d'honneur national. Le patriarche est réellement le chef de ces communautés; les évêques en sont la principale aristocratie. Depuis que le pouvoir civil tel que l'exerçait l'émir Béchir y a disparu, les divers clergés, placés en face d'un gouverneur étranger qui tient son mandat et qui est l'agent de la Porte, sont devenus les représentants politiques aussi bien que religieux de leurs communautés respectives. L'influence des anciens émirs ou de leurs descendants s'est peu à peu effacée devant la leur; ce qui s'explique aisément, grâce aux divisions des diverses familles princières que les jalousies des puissances et les intrigues de Constantinople n'ont cessé de développer. Ce résultat est à bien des égards regrettable. La théocratie a dans le Liban comme partout ailleurs des effets très fâcheux. Les querelles nationales s'enveniment d'autant plus lorsqu'elles ont pour prétexte un devoir religieux; le fanatisme s'en mêle; les intérêts les plus matériels sont défendus, au nom du Ciel, avec une violence qui s'atténuerait si leur origine purement terrestre était dévoilée. Le Liban tout entier est un vaste couvent où les petitesses, les misères et les amertumes de la vie monacale prennent les proportions d'événements politiques. Est-ce une raison pour souhaiter la diminution de l'influence des divers clergés? Non, puisque cette influence est la seule garantie indigène de l'indépendance des différentes communautés. Il vaudrait mieux à d'autres égards que le nombre des moines diminuât, qu'une partie de leurs biens passât entre les mains des paysans, que les patriarches et les prêtres fussent relégués dans leurs églises et voués uniquement aux exercices du culte; mais s'il en était ainsi, il ne resterait plus, pour protéger le Liban, que les protocoles diplomatiques, faible barrière en Orient contre les tentatives du despotisme ou les entreprises de l'anarchie. A défaut d'une dynastie et d'une constitution nationales, une forte hiérarchie sacerdotale, sortant des entrailles du pays, est un obstacle invincible aux empiétements des Turcs et à l'émiettement des populations, émiettement qui ne tarderait pas à perdre le Liban si cette hiérarchie venait à disparaître sans qu'on eût rien à mettre à sa place.

Avant les terribles événements qui ont ensanglanté la montagne, les Druses étaient les principaux défenseurs de l'indépendance du pays. On a écrit trop de volumes sur cette race étrange ; je n'essaierai pas d'en écrire un à mon tour. Ce n'est pas qu'elle soit bien connue ; mais il faudrait avoir vécu longtemps au milieu de ces hommes sans Dieu, sans villes et sans impôts, pour tenter de dire pourquoi leurs femmes sont blanches et blondes, pourquoi leurs chefs vident leurs querelles en champs clos comme les anciens chevaliers, pourquoi leur regard est empreint d'une tristesse farouche, pourquoi leurs manières sont froides et leurs mœurs hospitalières, pourquoi l'hypocrisie leur paraît permise et pourquoi cette lâcheté de l'âme s'allie en eux avec le plus grand courage du cœur? J'ai déjà remarqué qu'ils affectent les dehors de l'islamisme, mais qu'ils suivent en secret, en vertu du tayniyèts, ou faculté de dissimuler la foi intérieure, la doctrine de Hakem, le plus fou des sectaires que l'Orient ait connus. L'admirable ouvrage de Silvestre de Sacy sur la religion des Druses a fait connaître, autant qu'on peut le faire, la personne et la doctrine de ce fondateur d'une religion toujours mystérieuse. Hakem, qui se donnait comme l'incarnation de la divinité, ne faisait au fond que reproduire certaines idées des Chiites sur Ali et sur le Madhi, dernier iman, qu'ils croient caché dans le monde jusqu'au jour où il apparaîtra pour établir son khalifat universel. Les Druses s'assemblent chaque vendredi, après le coucher du soleil, dans les lieux consacrés à leurs cultes; ce sont presque toujours des hauteurs entourées d'arbres; ils prient longuement et adressent à l'Être suprême une invocation qui rappelle les lamentations des Israélites demandant la restauration du temple de Jérusalem. Leurs livres sacrés, au nombre de sept, sont enfermés dans un coffret en argent, qu'ils considèrent comme leur arche, et qu'une cachette inconnue dérobe à tous les regards. Personne n'ignore qu'ils se divisent en deux classes : les *akkal*, « initiés », et les *djdhel*, « ignorants ». Il y a, dit-on, divers degrés d'initiation dont le plus élevé exige le célibat.

Leurs femmes peuvent être initiées; mais elles payent cet avantage d'une partie de leur liberté. Quoique moins séquestrées que les Turques, elles le sont bien plus que les Maronites, parce qu'on craint qu'un manque de surveillance, les livrant à leur caractère indiscret, ne les amène à dévoiler les secrets du culte. On reconnaît les Druses au turban blanc qu'ils portent en signe de pureté, à la fierté de leur démarche et à je ne sais quelle expression de leurs regards indiquant à la fois une race malheureuse et barbare, qui a beaucoup souffert et qui a mérité une partie de ses souffrances. Ils n'ont point de prêtres comme les chrétiens; chez eux la société est toute féodale, et les princes ont conservé un prestige que le clergé n'a pu leur disputer.

La position géographique occupée par les Druses en Syrie a une grande importance militaire et politique. Ils forment plusieurs groupes qui coupent le pays par le milieu. Établis au Liban dans les cazas de Mehen, de Chouf et de Dzezzin, au sud de l'Anti-Liban entre Hasteya, Rasheza et Katana, enfin dans la partie méridionale du sandjak du Hauran, et spécialement au Djebel Hauran, ils ont dû à cette situation géographique l'amitié compromettante de l'Angleterre et les faveurs fatales de la Turquie. Avant 1860, il y avait chez eux, un parti anglais et un parti français; mais ce dernier a presque totalement disparu lorsque notre pays a poursuivi la répression des massacres. L'Angleterre s'est faite le champion des Druses, et a arraché beaucoup d'entre eux au châtiment. Néanmoins elle n'a pu les préserver que bien peu. Le souvenir de son action protectrice est d'ailleurs circonscrit au Liban et tout au plus à l'Anti-Liban. Les Druses du Hauran, qui s'augmentent chaque jour par l'émigration de ceux pour lequel le séjour de la montagne est devenu humiliant, ne se regardent ni comme les protégés de l'Angleterre, ni comme les protégés de la France. Ainsi qu'au siècle passé ils demandent à la nature et à leur courage seuls, la garantie de leur indépendance. Un jour viendra-t-il où le souvenir sanglant qui sépare ce petit peuple des chrétiens s'effacera, où l'union d'autrefois pourra renaître? Il faut l'espérer. Si le progrès des lumières, si la diffusion de l'instruction détruisaient les barrières qui séparent les diverses races de Syrie, elles s'apercevraient bien vite que leurs intérêts à toutes sont les mêmes et que, tant que dureront leurs discordes, ils seront fatalement compromis. Personne n'admire plus que moi la persistance avec laquelle chacune de ces races a conservé ses traditions nationales; ce respect du passé ne manque pas de grandeur et mérite assurément d'attirer le respect. Néanmoins, il faut le dire, la persistance de ce particularisme étroit est la cause des malheurs de la Syrie tout entière. Unie, elle aurait assez d'intelligence et de courage pour devenir libre; divisée comme elle l'est, il est impossible qu'elle ne vive pas sous un joug assez pesant pour empêcher ses discordes locales de dégénérer en anarchie générale. La Syrie est encore dans l'état de morcellement où les Arabes l'ont trouvée à la fin du Bas-Empire. Il n'y a pas un des innombrables peuples qui l'habitent dont la force soit assez grande pour s'imposer à tous les autres. La paix ne peut donc venir que du dehors, mais cette paix, hélas! a longtemps été la paix de la servitude. Seul le Liban avait fait exception à la règle générale. Grâce aux conditions exceptionnelles d'un pays qui présentait l'aspect d'une forteresse naturelle, il était devenu le refuge de tous les vaillants, de tous les hommes qui préféraient la vie rude de la montagne à la vie plus facile, mais avilie de la plaine. Or les hommes animés du même courage, du même amour de la liberté, quelle que soit la différence de leur origine et de leurs croyances, n'ont pas de peine à s'entendre et à s'unir. Pendant des siècles le Liban a été une sorte de Suisse orientale, qui aurait pu servir de modèle à toute la Syrie, et dont l'organisation, si elle avait duré, si surtout elle s'était appuyée sur une dynastie reconnue de tous, aurait pu, le jour de la chute de l'empire ottoman, être appliquée à la Syrie entière. Par malheur, la Turquie, sentant le danger, a voulu le conjurer, et par un malheur plus grand encore elle a trouvé dans une grande puissance occidentale, l'alliée dont elle avait besoin dans une entreprise qu'on pourrait appeler, suivant une expression de M. Gladstone, une entreprise anti-humaine. La Suisse orientale est donc devenue depuis quarante ans un foyer de divisions plus violentes, plus étroites, plus sanglantes que toutes celles dont le reste de la Syrie était le théâtre. Là où régnait la plus grande union, les jalousies diplomatiques, les haines cléricales, les convoitises turques ont fait éclater des discordes que des armistices partiels sont loin d'avoir dissipées. Elles ne pourront disparaître, la paix d'autrefois ne pourra renaître que si un gouvernement modérateur, n'ayant aucun intérêt à envenimer les querelles, s'applique à faire comprendre à chacun les avantages de la concorde. Les diverses races, les diverses religions, les diverses communautés peuvent garder leurs usages spéciaux et leurs physionomies particulières, pourvu qu'elles ne les portent pas au mépris de tous ceux qui ne pensent pas et qui n'agissent pas comme elles. Il serait dommage que le Liban perdît son originalité en cherchant à réaliser une unité qui serait toujours factice. Mais la suprême originalité pour un peuple n'est-elle pas de comprendre que la seule garantie des droits de chacun est le respect de la liberté de tous?

VISITE

AU PATRIARCHE MARONITE

Une circonstance particulière m'a permis de voir le peuple maronite de très près. Pendant que j'étais à Beyrouth, un nouveau consul général français arrivé dans cette ville, M. Sienkiewicz, alla faire au patriarche maronite sa première visite officielle. C'est une tradition de notre diplomatie, que lorsqu'un consul général est nommé à Beyrouth, il se rende en cérémonie à la résidence du patriarche de la nation avec laquelle la France a noué les relations les plus anciennes et les plus suivies. Tout le peuple maronite se met en frais pour le recevoir ; c'est une fête véritable. M. Sienkiewicz avait bien voulu m'engager à l'accompagner, et je me suis empressé de profiter de cette occasion d'assister à des manifestations qui rappellent encore les vieux usages de l'Orient. Le patriarche maronite, monseigneur Paul-Pierre Mashad, habite dans un couvent situé à Bekerké, dans le Kesrouan, à trois lieues de Beyrouth. C'est là du moins sa résidence d'hiver, car au fort de l'été, il va chercher l'ombre et la fraîcheur dans le voisinage des cèdres. Mais au mois de mai, époque où je me trouvais à Beyrouth, les cèdres sont encore sous la neige. Le cortège du consul n'était pas, à dire le vrai, des plus imposants; en revanche, il était assez pittoresque. Les drogmans du consulat, en grand uniforme, montés sur d'ardents petits chevaux arabes avec lesquels ils ne cessaient d'exécuter de brillantes fantasias, nous précédaient de quelques pas. Nous étions partis de fort bonne heure, et, quoique la mer, à côté de nous, fût assez houleuse, le ciel était magnifique de clarté. Nous suivions la plage; à notre droite s'élevaient graduellement les collines et les montagnes du Kesrouan dont la grande ombre s'étendait jusqu'aux flots. Il serait difficile de se faire une idée de la beauté de ce rivage, ainsi dominé par les contreforts gracieux et par les croupes gigantesques du Liban. Les premières zones de hauteurs sont couvertes de gros villages; derrière elles s'ouvrent des vallées et se dressent des hauteurs nouvelles, d'où la vie déborde également ; puis, le Sanine dresse jusqu'au ciel ses cimes stériles. Jadis ces lignes pittoresques, garnies de châteaux et de tours, présentaient aux armées barbares une série de remparts inaccessibles derrière lesquels les habitants combattaient réunis pour les mêmes principes d'indépendance.

Avant d'arriver au vallon du Wahr-el-Kelb (le fleuve du Chien), nous quittâmes la grève au pied des montagnes, pour gravir une étroite corniche taillée dans le rocher, au-dessus de la mer, où passait autrefois la voie romaine. Partout en Syrie la trace des conquérants du monde est restée profondément empreinte sur le sol qu'ils ont foulé. Ce peuple admirable, le plus grand de l'histoire, est le seul dont les œuvres ont survécu au temps. Je me trompe.

En nous avançant, au galop de nos chevaux, nous distinguions sur les rochers les cartouches de Thoutmos et de Ramsès, ces Pharaons d'Égypte, dont les armées victorieuses ont les premières franchi les défilés de la Syrie ; puis sont venus les monarques assyriens, dont on remarque en passant sur les stèles les figures hiératiques, couronnées de mitres et vêtues de longues robes. Leur souvenir n'est pas moins vivant que celui des Romains sur cette route des grandes invasions africaines et asiatiques, où toute l'antiquité armée est passée. J'aurais bien voulu, pour mon compte, pouvoir en arriver à contempler ces témoignages de tant de gloire disparue; mais le temps pressait, nous étions attendus dans la montagne ; il fallait se hâter. J'espérais d'ailleurs revenir examiner en détail les stèles si curieuses qui sont restées là depuis tant de siècles, immuables archives d'un passé presque fabuleux, en face d'une mer toujours changeante et d'un pays incessamment troublé. Malheureusement il m'a été impossible de le faire ; c'est un des nombreux regrets que m'a laissés mon voyage incomplet en Syrie.

Arrivé à la rivière du Chien, au Wahr-el-Kelb, on jouit d'un coup d'œil saisissant. La gorge est encaissée entre deux immenses rochers ou plutôt deux montagnes de pierre qui lui donnent l'aspect le plus sauvage ; c'est à leur pied qu'est le fleuve, qui ne ressemble au printemps qu'à un torrent boueux, quoiqu'on prétende qu'en hiver ses eaux grossies par les neiges coulent à pleins bords. L'arche hardie d'un pont à dos d'âne est jetée sur son lit; elle rejoint sur la rive opposée à celle où nous nous trouvions un aqueduc dont les arceaux, recouverts d'une végétation ardente, s'accrochent aux flancs de la montagne et les décorent de la manière la plus pittoresque. A l'extrémité de cet aqueduc, tout un peuple nous attendait. C'étaient des cavaliers vêtus de costumes étincelants et bondissant sur leurs chevaux, des jeunes gens portant des drapeaux tricolores, des femmes couvertes de leurs plus beaux atours, des enfants accrochés à toutes les saillies du terrain, assis sur toutes les pierres, grimpés sur tous les arbres. De cette houle populaire qui ondulait presque autant que les eaux du fleuve, partait un même chant aigu, monotone, presque sauvage, qui ébranlait au loin les échos de la montagne. Mille bouches s'écriaient à la fois, avec une cadence dont il est impossible de donner l'idée à quiconque n'est pas habitué à la musique arabe :

> La France est généreuse,
> Vive la France ! vivat !
> La France est noble,
> Vive la France ! vivat !
> La France est belle,
> Vive la France ! vivat !, etc., etc.

Cette sorte de litanie dans laquelle la France avait tour à tour toutes les qualités, toutes les vertus, se prolongeait au milieu du hennissement des chevaux, du frôlement des drapeaux agités par le vent, des coups de fusil tirés dans toutes les directions, du son grave du tarabouk, des exclamations stridentes des femmes, du murmure de l'eau qui s'écoulait bruyamment vers la mer. Dès que les Maronites nous avaient aperçus, il avaient donné libre carrière à leur enthousiasme exubérant. Les émirs qui dirigeaient la manifestation poussaient leurs chevaux jusqu'au poitrail dans le fleuve pour venir à notre rencontre. L'eau rejaillissait partout autour d'eux. J'ai cru un instant qu'il nous serait impossible de traverser le pont, tant la foule se pressait pour nous saluer. Parvenus sur l'autre rive, nous dûmes descendre pour prendre quelques rafraîchissements dans une petite cabane qu'on avait garnie de guirlandes de fleurs et pavoisée d'oriflammes. Pendant que nous buvions la raki, entourés des cheiks et des émirs qui nous présentaient leurs hommages avec toute la gravité de l'Orient, un cercle immense entourait la cabane où nous étions. Les Maronites brandissaient des sabres, des fusils, des drapeaux, en chantant avec un bruit de tonnerre leurs litanies en l'honneur de la France. Je n'ai jamais vu scène plus fantastique. La joie de tous ces braves gens avait quelque chose de si ardent, de si désordonné, leurs gestes étaient si étranges, leur musique si bruyante qu'il me semblait être au milieu des Persans, le jour anniversaire de la fête d'Ali, lorsqu'ils poussent des exclamations forcenées en se déchirant la tête à coups de poignards. Ce tableau effrayant, que j'avais contemplé en Égypte, revenait, je ne sais pourquoi, à ma mémoire en présence d'un spectacle bien différent. Mais les démonstrations des Orientaux sont tellement démesurées que l'expression de l'extrême plaisir finit par ressembler, en eux, à l'expression de l'extrême souffrance. Elle dépasse les forces humaines, et leur effort aboutit à une contraction de la physionomie qui paraît effrayante.

Nous remontons à cheval pour continuer notre route, la population marchant devant nous, les gardes libanais en grand uniforme derrière nous, et autour de nous, pour nous faire honneur, les cheiks et les émirs. J'avoue que cet honneur, qui me flattait beaucoup, ne laissait pas que de me gêner quelque peu. Naturellement les cheiks et émirs exécutaient les plus hardies fantasias et, quoique mon cheval fût de tempérament assez paisible, j'avais bien de la peine à l'empêcher de prendre part à la fête ; or, nous marchions au milieu des rochers, en pleine montagne, dans d'invisibles sentiers. J'en suis encore à comprendre comment les Arabes ne brisent pas cent fois les jambes de leurs chevaux au milieu de ces exercices furibonds. Les émirs et les cheiks d'aujourd'hui n'ont plus le costume si pittoresque d'autrefois ; mais la grâce et la noblesse qu'ils mettent dans leurs évolutions équestres est toujours la même. Ils ont conservé l'immense pantalon aux plis innombrables avec les bottes qui recouvrent la moitié de la jambe, la petite veste à demi flottante, la large ceinture ornée aux jours de fête, car le port des armes leur est interdit d'ordinaire : pistolets et yatagans sont défendus. Quelques-uns portent des uniformes de je ne sais quels pays et de je ne sais quelles armées, rouges, bleus, verts, dorés sur toutes les coutures et de l'effet le plus éblouissant. Leurs chevaux sont magnifiquement harnachés ; des glands multicolores ornent la bride et descendent sur le front ; le poitrail est décoré d'une sorte de plastron d'argent, la selle n'est pas moins éclatante, et les lourds étriers reluisent comme s'ils étaient d'or massif. Ainsi équipés, chevaux et cavaliers exécutent sans cesse ni repos la fameuse course du *djerid*. Le cavalier s'élance tenant une sorte de bâton court qui simule alternativement la lance et le fusil: tantôt il le pose sur sa tête et file avec la rapidité de l'éclair sans que le mouvement l'ébranle; tantôt, au contraire, il le brandit en courant, puis le jette au loin avec une justesse dont il est difficile de se faire une idée. Arrivés près de l'adversaire, les chevaux, arrêtés brusquement, pivotent sur eux-mêmes ou se dressent sur leurs jambes de derrière et restent quelques minutes ainsi suspendus. Quand on n'est point habitué à cette manœuvre, on ne peut se défendre d'un mouvement d'effroi à la vue d'un cheval qui semble prêt à vous écraser. Mais les Arabes n'éprouvent pas ces terreurs. Dès qu'ils se rencontrent, ils croisent leurs *djerid* et exécutent quelques passes élégantes, en faisaut faire à leurs chevaux les plus gracieux exercices de haute école. Tout cela se passe, non seulement dans des arènes choisies, mais partout où il s'agit de faire honneur à quelque étranger. C'est ainsi qu'en nous avançant au milieu de chemins de chèvres où nous parvenions à peine à empêcher nos montures de glisser, nous étions enveloppés d'une nuée de cavaliers qui tourbillonnaient autour de nous avec autant d'aisance que s'ils avaient été dans la plus uniforme des plaines et sur le sable le plus doux.

Nous traversions parfois des bois de mûriers; notre cortège, obligé de se resserrer, s'allongeait sans fin; il se déroulait dans la verdure comme une immense farandole multicolore. Partout, sur la route, de nouvelles bandes, portant des drapeaux français, chantant les litanies en l'honneur de la France, renouvelant les mêmes scènes que les premières, venaient à notre rencontre et se mêlaient à nos rangs continuellement grossis. Sur toutes les plates-formes des maisons, des groupes de femmes nous saluaient au passage d'une sorte de cri aigu, strident, soutenu, qui est à la fois un cri de guerre et un cri d'enthousiasme. Il est impossible de donner l'idée de cette exclamation tremblotante, de cette sorte de roucoulement qui vibre comme une flèche et semble déchirer l'air. Il se prolonge plusieurs minutes de suite, en augmentant sans cesse d'intensité. Le bruit sourd du tarabouk, les acclamations plus graves des hommes arrivant de tous les points de la campagne formaient une basse continue à ces notes perçantes. Dès que nous étions passés, les femmes et les jeunes filles descendaient de leur observatoire pour se mêler à notre troupe. Elles couraient sur les bords de la route, à demi courbées sous les mûriers, escaladant les murs, sautant les fossés, relevant sans vergogne les robes de gala qui gênaient leur marche et laissant apercevoir les larges pantalons blancs qui leur servent de jupons. Nous arrivâmes ainsi à Djafer-Djoumi, un charmant petit havre où se balancent quelques petits bâtiments, tandis que sur le sable sont tirés les caïks des pêcheurs. C'est un peu au delà de Djafer-Djoumi que s'élève Djebaïl, l'ancienne Byblos, à l'embouchure de la rivière d'Ybrahim, naguère d'Adonis. On ne s'étonnera pas que les scènes que j'avais sous les yeux aient réveillé en moi le souvenir des fameux mystères d'horreur et de volupté qui se déroulaient, il y a tant de siècles, presque à la même place. Le sang qui coule dans les veines de la population syrienne est bien le même que celui qui enflammait, dans l'antiquité, les auteurs des orgies saintes dont l'écho faisait frémir les gorges du Liban et ébranlait jusqu'à ses cimes. Le feu qui brille dans son regard, la joie presque farouche qui y éclate sont les signes d'une ardeur qui couve sous la cendre du christianisme, mais qui certainement n'est point éteinte. Avec un peu d'imagination il m'eût été facile de croire que j'assistais encore aux cérémonies d'autrefois, car la joie intempérante, comme je le disais tout à l'heure, ressemble à s'y méprendre à la douleur, et les hurlements d'enthousiasme que poussaient auprès de moi les femmes, dont la violence de la course mettait les vêtements en désordre, avaient des accents sauvages qui rappelaient les plus sombres lamentations sur la mort d'Adonis.

Ce qui contribuait peut-être à donner à mes pensées un tour aussi mythologique, et à me faire croire que les passions antiques n'ont pas disparu de la terre que je foulais, c'est l'histoire, que j'avais relue la veille, d'une Maronite nommée Hendré, qui a fondé le couvent de Bekerké, où je me rendais et où demeure le patriarche. Hendré était une sainte qui jeûnait, portait cilice, avait le don des larmes. Elle s'était fait dans la contrée une immense réputation par sa vie extraordinaire. Tout le monde la regardait comme un modèle de piété, et plusieurs l'avaient même canonisée de son vivant. D'ailleurs elle faisait des miracles, dont aucun ne doutait. Une personne aussi accomplie ne pouvait se contenter des ordres monastiques déjà existants ; elle voulut donc en fonder un nouveau approprié à son genre de vertu. Ses partisans s'empressèrent de lui fournir les fonds nécessaires pour élever deux vastes maisons en pierre de taille, qui devaient lui servir de résidence, dans l'un des sites les plus beaux de la Syrie, au flanc des collines qui dominent la délicieuse rade de Djafer-Djoumi. Des moines et des religieuses vinrent en grand nombre se placer sous sa direction. Hendré régnait en souveraine dans ce petit empire. Il y mourait, il est vrai, un grand nombre de religieuses, mais on en rejetait la faute sur l'air, et il était difficile d'en découvrir la vraie cause. Le hasard la révéla. Au plus fort de l'été, un commissionnaire venant de Damas à Beyrouth, fut surpris par la nuit devant le couvent d'Hendré; les portes étaient fermées, il était tard; ne voulant pas troubler le repos d'un lieu aussi saint, il se coucha dans la cour sur un peu de paille, la saison lui permettant de ne rien craindre de la fraîcheur du climat. Il était endormi depuis quelques heures, lorsqu'il fut réveillé par un bruit imprévu. Trois femmes qui tenaient en main des pioches et des pelles, sortaient du couvent, elles étaient suivies de deux hommes portant un long paquet blanc où il était facile de reconnaître un cadavre enveloppé d'un linceul. Le commissionnaire assista sans bouger à un enterrement mystérieux, clandestin, qu'on semblait vouloir dissimuler à tous les yeux. Il va sans dire qu'à peine arrivé à Beyrouth, il en fit le récit à ses amis. L'un d'eux avait précisément placé depuis plusieurs mois ses deux filles au couvent d'Hendré avec une dot de dix mille livres. On devine la suite. C'était une des filles du malheureux marchand qui était morte à la suite d'abominables scandales ; l'autre fut sauvée à temps pour révéler l'affreux secret des saturnales d'Hendré et de ses disciples. La sainte fut, bien entendu, saisie, et le patriarche qui avait eu l'imprudence de la soutenir fut dépossédé. La Propagande de Rome, qui instruisit l'affaire, découvrit des infamies de libertinage et des horreurs de cruauté. Hendré faisait périr sans pitié toutes celles de ses compagnes qui résistaient à ses volontés ; elle mêlait la religion à ses plus honteuses turpitudes; elle disait la messe, elle avait des extases, elle se croyait la mère de Dieu. Son procès ne détrompa point tous ses partisans, et elle a laissé dans le pays une légende de sainteté qui n'est point effacée, comme si le mélange de cruauté et de volupté par lequel elle avait séduit tant de néophytes ne pouvait complètement disparaître de ce climat brûlé par les larmes de Vénus et par le sang d'Adonis.

Une foule compacte était réunie à Djafer-Djoumi. Du havre à Bekerké, qui est à une heure environ sur la hauteur, nous n'étions plus suivis d'un simple cortège; nous étions au centre d'une masse énorme qui couvrait toute la montagne. Des jeunes filles endimanchées nous offraient des fleurs ou les jetaient sous nos pas, des femmes brûlaient de l'encens aux bords de la route, d'autres nous envoyaient des flots de parfums qui tombaient, comme des douches, de toutes les fenêtres, de tous les toits, de tous les murs. Nos chevaux se cabraient de plus en plus. La pente que nous gravissions était d'une raideur étonnante, et je crois réellement que nous aurions eu de la peine à nous y tenir, avec des montures aussi excitées, si nous n'avions pas été à demi portés par la foule qui nous pressait de tous côtés. Pour mettre le comble au désordre et au vacarme, une de ces averses chaudes et bruyantes de l'été commença à tomber. Par bonheur nous étions arrivés. Sur le seuil de la porte du couvent, le patriarche, un admirable vieillard à la barbe blanche, entouré de huit évêques et d'une cinquantaine de prêtres, s'était avancé pour nous saluer. Nous descendîmes de nos chevaux et nous le suivîmes dans la salle de réception, tandis que la population, qui entourait le couvent et remplissait les cours continuait la musique enragée dont l'écho assourdi arrivait seul jusqu'à nous.

Le spectacle qui nous attendait dans la salle de réceptions était d'une nature bien différente. Quoiqu'il soit le chef d'une nation, le patriarche maronite est logé sans le moindre luxe. Son selamelek se compose d'une grande salle basse, voûtée, crépie à la chaux, autour de laquelle s'étendent des rangées de divans. Quand on nous y eut fait entrer cérémonieusement, le patriarche s'assit sur le divan principal, le consul général de France à ses côtés. Pour mon compte, j'allais modestement m'établir au milieu des évêques, jugeant que c'était déjà une place assez honorable pour un vulgaire écrivain, dans un pays où tout le monde est pour le moins prélat, prince ou diplomate. Le reste de notre suite se confondit avec les curés et les moines. Le costume du clergé maronite est des plus simples ; les prêtres ordinaires, vêtus de robes noires, portent, en guise de coiffure, un de ces bonnets ronds à extrémité plate, de forme peu gracieuse qui sont communs à tous les ecclésiastiques orientaux. Les évêques ont des robes violettes, jaunes, vertes; leur coiffure, plus élégante que celle du reste du clergé, rappelle celle des grands prêtres juifs sur les gravures de la Bible. Presque tous ceux que j'avais autour de moi étaient remarquables par la beauté de leurs visages, aux longues barbes grises. L'un d'eux, dont la barbe presque blanche retombait jusqu'à la ceinture, ressemblait à s'y méprendre à l'un de ces prophètes antiques que la peinture a si souvent reproduits. Je ne sais quelle flamme brillait dans ses yeux et donnait à sa physionomie une expression d'ardeur dans le calme du plus étrange effet. La figure du patriarche se détachait d'ailleurs avec avantage du groupe des évêques. Monseigneur Pierre-Paul Mashad est un beau vieillard, au regard doux et profond, aux traits d'une finesse remarquable. Il est impossible, s'il m'est permis de m'exprimer en termes aussi peu respectueux, de voir un type de patriarche mieux réussi. C'est bien ainsi qu'on se représente le chef politique et religieux d'une nation théocratique. Légèrement courbé par l'âge, monseigneur Pierre-Paul Mashad a l'attitude fière et cependant aimable d'un maître qui commande, au nom du Ciel, et dont l'autorité doit être toujours tempérée par la charité. Naturellement pacifique, il a contribué par son esprit de conciliation à rétablir la tranquillité dans la montagne. L'expression qui domine en lui est celle de la mansuétude ; on l'accuse de se laisser quelquefois dominer par un entourage plus turbulent que lui ; je ne sais si ce reproche est fondé, mais je croirais sans peine que le patriarche est de ceux dont la bonté ne va pas sans quelque faiblesse. Il faudrait une main bien ferme pour contenir des clergés aussi remuants que le sont tous ceux de Syrie. Monseigneur Pierre-Paul Mashad m'a paru plutôt capable de dominer par la persuasion que par l'autorité. A peine étions-nous assis autour de lui, que les princes, les caïmakans, les cheiks qui nous avaient accompagnés défilèrent un à un, et vinrent lui baiser la main avec toutes les prosternations et démonstrations respectueuses en usage chez les Orientaux. Il fallait voir de quel air simple et digne il tendait son anneau sacerdotal à tous ces hommes aux costumes pittoresques, aux physionomies mâles, qui se seraient volontiers courbés jusqu'à terre pour toucher le pan de sa robe. Le baise-main terminé, on servit des sirops, des fruits, des confitures, on se mit à fumer des cigarettes, tandis qu'un poète local, s'avançant au milieu de la salle, lisait d'une voix retentissante une poésie arabe en l'honneur du consul et de la France. Je regrette d'avoir perdu la traduction de cette poésie que j'avais fait faire avec soin. Toutes les métaphores de l'Orient y étaient employées à célébrer la grandeur, la générosité, la noblesse de notre pays. Notre vanité nationale aurait été flattée du bien qu'on pense et qu'on dit de nous dans la montagne ; mais peut-être ne faut-il abuser de rien, même de la louange ; elle n'a tout son prix que lorsque le bruit des fêtes est assez grand pour couvrir celui des hyperboles.

La poésie finie, on nous invita à passer dans la salle à manger, proposition que nous acceptâmes avec enthousiasme, car nous commencions à trouver que les fleurs de rhétorique et les confitures sont une médiocre nourriture après quelques heures de course. La table du festin était tellement chargée de plats qu'on ne l'apercevait plus du tout. Le patriarche avait voulu nous donner un déjeuner princier ; aussi avait-il convoqué quatre cuisiniers pour composer son gigantesque repas : un cuisinier français ou soi-disant tel, et trois cuisiniers indigènes.

Ils avaient rivalisé pendant une semaine de zèle et de talent. Un véritable atelier culinaire avait été dressé dans le couvent de Bekerké, et l'on s'imagine sans peine quelle quantité et quelle qualité extraordinaires de mets étaient sorties de cet atelier. Chacun de nous avait à côté de son assiette trois espèces de pains, une sorte de pain très lourd qui passait pour du pain français, puis deux pains indigènes excellents. Le premier de ces pains, que l'on rencontre partout en Égypte et en Syrie, est une galette mince, creuse à l'intérieur, fort légère pour l'estomac. La seconde espèce, que je ne connaissais pas, est meilleure encore. Qu'on se figure une crêpe épaisse, qui se plie comme une serviette et dans laquelle les Arabes enveloppent les aliments pour les manger sans couteaux ni fourchettes. Naturellement nous n'avions pas à en faire un pareil usage à la table du patriarche où ne manquaient ni couteaux, ni fourchettes, ni aucun ustensile européen. Le déjeuner fut long ; il me faudrait plusieurs pages pour en donner seulement le menu. Nous y faisions honneur de notre mieux, mais néanmoins avec une certaine prudence. Au bout de la table où nous étions, mêlés à tant d'évêques et de prélats, pouvions-nous montrer un appétit trop profane? Mais à l'autre bout de la table, où s'étaient entassés les émirs, les princes, les cheiks, les notables, on n'imitait pas notre réserve. Les plats que nous y envoyions à peine entamés, en revenaient absolument vides. Les bouteilles allaient plus vite encore. Aussi les têtes furent-elles assez vite échauffées. A la rumeur confuse qui avait régné au début du déjeuner succéda une vraie tempête de chants, de toasts, de démonstrations tapageuses. A chaque instant un nouveau convive se levait et improvisait, en arabe ou en français, un nouveau panégyrique de la France. Sur cet inépuisable sujet chacun avait à placer une poésie, une chanson, une pensée finement expressive, une tirade oratoire. Il me semblait parfois que j'assistais à ces banquets antiques où les rapsodes célébraient la grandeur des héros et la noblesse de la patrie. Pour les Libanais de toutes les communautés, mais pour les Maronites en particulier, les héros sont les Français, la patrie est la France. Quelques-uns d'entre eux exprimaient les sentiments de leur âme avec une véritable éloquence ou une véritable poésie. D'autres, moins heureux, faisaient du moins ce qu'ils pouvaient. On chantait, on riait, on s'embrassait, on criait enfin. Spectateur de cette scène à la fois bruyante et touchante, je ne pouvais m'empêcher d'en être aussi ému qu'abasourdi. Hélas! ceux d'entre nous qui, depuis dix ans, ont eu la douleur de voyager à l'étranger, ont eu si rarement l'occasion d'entendre célébrer notre pays d'une voix franche et d'un cœur sincère, qu'il leur est impossible de ne pas être remués jusqu'au fond de l'âme, lorsque le hasard les conduit au milieu d'une population chez laquelle l'amour de la France a survécu à tous ses malheurs.

Ce n'est pourtant pas sans un certain plaisir que je vis s'achever un déjeuner qui s'était prolongé plusieurs heures. Le patriarche nous réservait pour l'après-midi une petite conférence théologique et historique à laquelle nous nous soumîmes de bonne grâce. Les textes, les documents avaient été préparés depuis plusieurs jours comme les plats du déjeuner. Il fallait bien y faire également honneur. J'aurais pu chicaner le patriarche sur quelques-unes de ses assertions; mais à quoi bon? J'ai préféré les écouter dans un religieux silence, et je préfère encore les reproduire sans critique. Le patriarche m'expliqua donc d'abord que c'était par suite d'une abominable calomnie que quelques auteurs avaient accusé les Maronites de n'avoir pas toujours été des catholiques parfaitement orthodoxes et constamment unis à la cour romaine. Leur mérite propre, ce qui les distingue de toutes les autres communautés syriennes, c'est précisément cette fidélité constante au catholicisme. Tandis que partout autour d'eux régnait le monophysisme, cette coupable hérésie dont tant de chrétiens, hélas! sont encore infestés, les Maronites seuls reconnaissaient en Jésus-Christ les deux natures, la nature divine et la nature humaine, et se soumettaient sans réserve aux décisions du concile de Chalcédoine. On sait l'origine de leur nation. Fondée au IV⁰ siècle et au commencement du V⁰ par Maronn, un moine pieux qui avait réuni autour de lui un grand nombre de fidèles, cette nation n'a point varié depuis ses débuts. C'est au VII⁰ siècle seulement qu'elle prit quelque consistance. Le christianisme oriental était alors divisé par les dissensions les plus violentes. Un nouveau Maronn, Jean le Maronite, parvint à se faire considérer comme l'un des plus fermes soutiens de la cause des Latins ou partisans du pape. Mais comme cette cause était fortement combattue dans le Liban par les défenseurs de l'hérésie de Constantinople, il partit pour le Liban afin d'y soutenir la vraie foi. Il rassembla tous les Latins autour de lui et les organisa en société indépendante pour l'état civil comme pour l'état religieux. Traités de *mardaïtes*, c'est-à-dire de rebelles, par leurs adversaires, ils se donnèrent à eux-mêmes le nom de Maronites emprunté à leur chef. Jean le Maronite n'était pas seulement un saint. Politique sage et courageux. il exerça son peuple au travail manuel et à la discipline militaire. Il semblait le préparer à l'existence de luttes contre la nature et contre les hommes qui allait, durant des siècles, être la sienne. Le premier, il réalisa cet idéal de prêtre pasteur d'hommes, que devaient reproduire ses successeurs. C'est ainsi que se forma, au cœur de Liban, une petite société catholique, autonome, qui, après avoir résisté aux empereurs de Byzance, ne montra pas moins d'énergie contre l'islamisme. Toujours alliés à la chrétienté, on vit les Maronites aller au secours des croisés; ils les rejoignirent à Tripoli et leur indiquèrent la route de Jérusalem. Après l'échec des croisades, ils recueillirent les débris des armées chrétiennes qui trouvèrent asile dans leur montagne. « Le fait est certain, me disait le patriarche; et quand nous affirmons que nous sommes Français, ce n'est pas seulement de cœur que nous le sommes; du sang français, du sang des croisés coule dans nos veines. En voulez-vous la preuve? Je vais vous citer une autorité infaillible, celle d'un pape. » Et, ouvrant un gros recueil de bulles adressées aux Maronites, il m'en montrait une de Benoît XIV où je lisais en effet ce qui suit : « *Cum autem, pluribus deinde sæculis elapsis, Saraceni Antiochiam, depulsis inde Latinis, occupassent; cumque latini ipsi catholici in montem Libanum, ubi a patriarcha Maronitarum perbenigne recepti sunt, secessissent, Alexander IV, Romanus pontifex, patriarcham ipsum Maronitarum Antiocheni patriarchæ titulo decoravit; quem quidem titulum ad hanc usque diem patriarchæ maronitæ retinent, etiamsi in monte Libano ædem perpetuam habuerint.* » Texte précieux, qui démontre en même temps que les Maronites ont recueilli les croisés et que leur patriarche, quoique résidant à Bekerké, est bien réellement patriarche d'Antioche! J'hésite un peu à raconter le reste de l'histoire des Maronites d'après le récit de monseigneur Pierre-Paul Mashad; car les autres communautés chrétiennes pourraient bien en contester l'exactitude. Est-il bien vrai, comme me l'a affirmé le patriarche, que les Maronites ont converti les Grecs et les Syriens à la fin du xviiiᵉ siècle et qu'il leur ont donné généreusement des terres parmi eux? Les Grecs et les Syriens ont la prétention de s'être convertis tout seuls, et comme ici je ne fais pas de l'histoire, que je rapporte uniquement ce que chacun dit de soi en Syrie, je me garderai bien de prendre parti pour les uns ou pour les autres. J'aime mieux imiter l'habile politique de la cour de Rome reconnaissant l'orthodoxie de tout le monde et accordant le patriarcat d'Antioche à tous ceux qui le revendiquent. Je me contenterai d'ajouter que les papes n'ont jamais refusé de certificats d'orthodoxie aux Maronites. Un patriarche grec, Cyrille, ayant brisé l'image de Maronn comme celle d'un hérétique, Benoît XV déclara dans une allocution que les Maronites n'avaient jamais adoré Baal, *nunquam adorasse Baal*, qu'ils avaient toujours brillé comme des roses parmi les épines, *semper floruere tanquam rosæ inter spinas*, etc., ce qui ne peut laisser aucun doute aux personnes pour lesquelles les papes sont infaillibles jusque dans leurs métaphores.

Ce qui est encore moins contestable que la constante orthodoxie des Maronites, ce sont les relations d'amitié qu'ils ont entretenues à toutes les époques avec la France, depuis saint Louis jusqu'à nos jours. On connaît les lettres par lesquelles Louis XIV « enjoignait aux consuls et vice-consuls de la nation française établis dans les ports et échelles du Levant ou autres arborant la bannière de France, présents ou à venir, de favoriser de tout leur pouvoir le patriarche et tous les chrétiens maronites du mont Liban, de faire embarquer sur les vaisseaux français ou autres les jeunes hommes et tous autres chrétiens maronites qui y voudraient passer en chrétienté, soit pour y étudier ou pour tout autre affaire, sans prendre ni exiger d'eux que le nolis qu'ils leur voudraient donner, les traitant avec toute la douceur et charité possible, de favoriser le saint patriarche d'Antioche et tous lesdits chrétiens maronites du mont Liban, partout où besoin serait, en sorte qu'il ne leur fût fait aucun mauvais traitement et qu'ils pussent, au contraire continuer librement leurs exercices et fonctions spirituelles ». On sait également que cette double protection, qui assurait aux Maronites la liberté de leur culte chez eux, et qui leur donnait de si grandes facilités pour venir en Europe s'y former à notre civilisation, n'a jamais disparu. Longtemps le mont Liban a été la seule contrée de la Turquie où les chrétiens pouvaient se livrer aussi publiquement aux exercices de leurs cultes que dans la chrétienté elle-même. Partout ailleurs, si rien ne les entravait dans l'intérieur de leur temple, il leur était sévèrement interdit de faire des démonstrations extérieures, de sonner des cloches, d'appeler bruyamment les fidèles à des offices qui devaient toujours être cachés. Au Liban, au contraire, le voyageur étonné n'entendait plus la voix des muezzins flottant sur la campagne, mais des carillons tout pareils à ceux de l'Europe. Nos gouvernements les plus révolutionnaires se sont préoccupés de maintenir les droits religieux des Libanais. La Convention nationale, qui coupait la tête aux évêques français, envoyait un délégué spécial au Liban pour y faire respecter le culte des indigènes que les Turcs, profitant de notre exemple, croyaient pouvoir persécuter. De nos jours, le gouvernement, qui expulse les congrégations de France, les protège et les subventionne en Syrie. Les philosophes et les moralistes peuvent s'étonner de ces contradictions, les politiques ne sauraient que les approuver. Ce serait de notre part plus qu'une folie de renoncer à protéger le Liban. Je répète une dernière fois qu'il n'y a point de pays où le nom de la France soit plus populaire. Un témoin oculaire me racontait avec quelle attention passionnée, fiévreuse, toute la population du Liban suivait, durant la guerre franco-allemande, les péripéties de nos désastres. De simples bergers arrêtaient les voyageurs dans la campagne pour leur demander si Bazaine avait rendu Metz, si Bourbaki était entré en Suisse, etc. Les écrivains qui se sont occupés des chrétiens d'Orient jouissent au Liban d'une popularité étonnante. En qualité de rédacteur du *Journal des Débats* et de la *Revue des Deux Mondes*, j'ai été accueilli de tous les évêques avec un véritable enthousiasme. Les articles de Saint-Marc Girardin sur les événements de 1860, quelque peu oubliés en France, sont relus sans cesse en Syrie. Sur les vertes montagnes du Liban et le long de la côte qui s'étend de Tripoli à Saïda, il y a un vrai petit coin de France égaré au milieu du monde oriental.

La conversation théologique et historique du patriarche s'était prolongée longtemps. L'heure du coucher du soleil était venue. Pour nous reposer un peu, nous étions allés nous asseoir sur un petit balcon du couvent d'où la vue s'étend jusqu'à Beyrouth. Nous contemplions à nos pieds une série de collines qui descendaient mollement jusqu'à la mer découpée en petits havres d'une forme charmante. L'atmosphère un peu pluvieuse était finement dorée par les rayons du couchant. Tout respirait le calme, la paix, le recueillement. Après les agitations de la journée, ce moment de tranquillité était délicieux. La soirée tout entière fut très paisible.

La plupart des visiteurs étaient rentrés chez eux. Il ne restait plus qu'une vingtaine de prêtres, quelques notables et les évêques. Nous avions épuisé tous les sujets de conversation. Mais en Orient, personne ne trouve fastidieuse une soirée qui se prolonge dans le silence. Les évêques assis à l'orientale sur les divans fumaient avec gravité des narghileh ou de longs chibouks; le médecin de la maison, chargé je ne sais pourquoi de cet office, passait d'instants en instants des tasses de café et des verres de sirop. Quelque loustic désireux de se rendre agréable aux prélats lançait parfois une plaisanterie de sacristie dont l'effet était assez médiocre. Peu à peu une somnolence invincible s'emparait de nous, et j'avoue que, pour mon compte, je dormais à moitié dans le nuage de fumée et d'émanations sacerdotales qui m'enveloppait. Le lendemain matin, avant de nous laisser partir, le patriarche nous convia à une messe que nous dûmes entendre d'un bout à l'autre. On sait que la liturgie maronite est syriaque; l'évangile seul se dit en arabe, afin que le peuple l'entende. L'hostie est un petit pain rond, non levé, et médiocrement épais. Le dessus porte un cachet qui est la portion du célébrant. Le reste se coupe en petits morceaux que le prêtre met dans le calice avec le vin, et qu'il administre à chaque personne au moyen d'une cuiller qui sert à tout le monde. Mais, comme nous étions seuls à la messe, nous n'assistâmes pas à la communion des prêtres. Le prêtre tenait en main une croix à laquelle pendait une sorte de linge, et il se tournait souvent vers nous comme pour nous bénir. Il était assisté d'un desservant, qui récitait tout le temps de l'office, d'une voix sourde et presque éteinte, une sorte de mélopée triste, monotone et mystérieuse.

Notre départ de Békerké fut salué des mêmes démonstrations que notre arrivée. Nos hôtes avaient repris des forces pendant la nuit pour chanter avec le même entrain que la veille :

> La France est généreuse,
> Vive la France ! vivat !
> La France est noble,
> Vive la France ! vivat !
> La France est belle,
> Vive la France ! vivat ! etc.

Nous dégringolâmes la montagne comme nous l'avions gravie au milieu d'une foule immense qui nous saluait de mille cris, qui nous couvrait de fleurs et de parfums, qui brûlait de l'encens sous nos pas. Les balcons des maisons regorgeaient de plus en plus de belles jeunes filles aux costumes étincelants. Nous dûmes nous arrêter chez un notable dont l'uniforme rouge chamarré de mille broderies et les innombrables décorations m'avaient beaucoup frappé. C'était un excellent homme doué de merveilleux poumons, qui avait poussé tellement d'exclamations en l'honneur de la France que je ne comprends pas qu'il lui fût resté de la voix. Mais il en retrouva encore pour nous faire les honneurs de sa demeure où nous attendait une fête nouvelle. Toutes les femmes de sa famille, la tête chargée de fleurs, le corps enfoui sous des robes aux mille couleurs, nous attendaient rangées sur un divan. Elles se tenaient droites et sévères comme des personnes que leurs costumes embarrassent. Quand nous fûmes assis à côté d'elles, les deux jeunes filles de la maison se détachèrent du groupe pour venir réciter au consul l'une une poésie arabe, l'autre une poésie française composée pour la circonstance. Elles avaient des yeux superbes, mais leur robe les gênait évidemment. Aussi rouges que l'uniforme de leur père, ces robes faisaient encore ressortir le teint bistre de leurs visages. Leurs mains étaient soigneusement couvertes de gants trop longs qui dépassaient chaque doigt, et qu'il était impossible de ne pas remarquer, car elles les tenaient croisées sur la poitrine, levant les yeux au ciel et récitant leur petit morceau avec l'attitude de pensionnaires que leur toilette éblouit et que leur rôle intimide. Ce petit tableau d'intérieur était fort original. Des centaines de têtes passaient par les portes et les fenêtres pour essayer d'entendre et de voir les belles jeunes filles, mais malgré tous les efforts qu'on faisait afin d'obtenir le silence, leur débit était souvent troublé par les accents de la musique qui se prolongeait à l'extérieur. Quand elles eurent fini, elles vinrent présenter leur front à baiser au consul général, cérémonie qui n'avait rien que d'agréable pour l'héritier des antiques privilèges des rois de France.

Ainsi se termina la fête. Il ne nous restait plus qu'à regagner Beyrouth longtemps poursuivis par les débris du cortège qui diminuait à mesure que nous avancions, mais qui ne disparut complètement que lorsque nous fûmes rentrés dans la ville.

FIN

TABLE

Avant-propos..................................... I
Saint-Jean-d'Acre, Sour, Saida............... 1
Beyrouth... 125
Le Liban... 231
Visite au patriarche maronite................ 289

www.ingramcontent.com/pod-product-compliance
Lightning Source LLC
Chambersburg PA
CBHW072017150426
43194CB00008B/1150